Eva Blum • Hans-Joachim Blum

Der Klassenrat

Ziele Vorteile
Organisation

D1733936

Verlag an der Ruhr

▶▶▶ Impressum ▶▶▶

Titel: **Der Klassenrat**
Ziele, Vorteile, Organisation

Autoren: Eva & Hans-Joachim Blum

Illustrationen: Magnus Siemens

Druck: Druckerei Uwe Nolte, Iserlohn

Verlag: Verlag an der Ruhr
Alexanderstraße 54 – 45472 Mülheim an der Ruhr
Postfach 10 22 51 – 45422 Mülheim an der Ruhr
Tel.: 0208/4395450 – Fax: 0208/43954239
E-Mail: info@verlagruhr.de
www.verlagruhr.de

© **Verlag an der Ruhr 2006**
ISBN 10: 3-8346-0060-1 (bis 12/2006)
ISBN 13: 978-3-8346-0060-8 (ab 2007)

geeignet für alle Schulstufen

Gedruckt auf chlorfrei gebleichtes Papier.

Die Schreibweise der Texte folgt der neuesten Fassung
der Rechtschreibregeln – gültig ab August 2006.

Inhaltsverzeichnis ▶▶▶

▶▶▶ Inhaltsverzeichnis ▶▶▶

Als wir vor vielen Jahren begannen, den Klassenrat in verschiedenen Klassenstufen und Schularten einzusetzen, war der Klassenrat in der pädagogischen Szene noch ziemlich unbekannt. Inzwischen gibt es – wie die Nachfrage nach unseren Fortbildungen zeigt – ein wachsendes Interesse bei einzelnen Lehrkräften, Kollegien und Schulleitungen. Immer wieder wurden wir gefragt, welche Literatur wir denn empfehlen könnten. Doch es fehlte ein **praxisnaher Leitfaden**, der nicht nur beschreibt, wie man einen Klassenrat „macht", sondern der auch gute Argumente für die Diskussion mit Eltern, Schulleitern und Kollegen liefert, wozu der Klassenrat nützlich ist und welche Lernziele damit erreicht werden können, der klar die Grenzen des Klassenrats benennt und immer wieder auftretende Fragen beantwortet. Diese Lücke wollen wir mit diesem Buch schließen.

Über die direkte Anwendung in der Klasse hinaus haben wir sowohl Konzepte zur Umsetzung des Klassenrats in der Primar- und Sekundarstufe sowie zur Heranführung der Schüler an die Leitung des Klassenrats entworfen. Gleichzeitig werden in diesem Buch die für die Durchführung wichtigen Kompetenzen bei der Leitung und den Schülern umrissen und vertiefende Übungen zum Selbststudium bzw. zur Anwendung in der Schulklasse hinzugefügt.

Dass dieses Buch entstehen konnte, **verdanken** wir vor allem den vielen Schülerinnen und Schülern, mit denen wir Klassenrat gehalten und die uns immer wieder Anstöße zur Weiterentwicklung der praktischen Anwendung gegeben haben, sowie den Lehrerinnen und Lehrern, die an unseren Fortbildungen teilgenommen, viele Fragen gestellt und Anregungen gegeben haben. In diesem Zusammenhang danken wir auch der Beratungsstelle für Eltern, Kinder und Jugendliche

des Enzkreises, unter deren Dach wir die Fortbildungen für die Schulen des Enzkreises kostenlos anbieten konnten und die uns mit Werbung und Logistik unterstützt hat. Besonderer Dank gebührt auch Udo Ebert von der Schulpsychologischen Beratungsstelle des damaligen Oberschulamts Karlsruhe (jetzt Regierungspräsidium Karlsruhe), der uns bei der Entwicklung der Klassenratmoderatoren-Ausbildung unterstützt und wesentliche Impulse geliefert hat. Weiterhin danken wir Dorothea Müller und Joan Neuwirth für die Zusammenarbeit bei den Präsentationen des Konzepts und der Ausbildung der Klassenratsmoderatoren sowie Judith Klöfer-Schneider, die das Manuskript Korrektur las und viele wertvolle Hinweise gab.

Zu einem richtigen Buch konnte das Manuskript aber erst werden durch die Bereitschaft des Verlags an der Ruhr, das Projekt zu unterstützen, sowie durch die vielfältigen Hilfestellungen der Mitarbeiterinnen des Verlags, insbesondere Frau S. Catani und Frau J. Erlmann.

Wir wünschen dem Buch und dem Klassenrat eine weite Verbreitung und eine gute Umsetzung in den Alltag vieler Schulklassen. Schon jetzt sind wir gespannt auf Ihre **Rückmeldungen und Erfahrungsberichte** unter www.verlagruhr.de (Website des Verlag an der Ruhr) oder unter www.blum-educonsult.de (Dort finden Sie auch Näheres zu unseren Fortbildungen zum Klassenrat, die wir gerne als schulinterne Fortbildung an Ihrer Schule durchführen.)

Eva und Dr. Hans-Joachim Blum

Unseren wunderbaren Kindern
Tobias, Oliver und Stephanie

Klassenrat: Was ist das?

Der Klassenrat ist in aller Munde. Man findet ihn in einschlägigen Fachzeitschriften ebenso wie in den neuen Bildungs- oder Rahmenplänen. Allerdings wird dort selten deutlich, was mit dem Begriff „Klassenrat" denn genau gemeint ist. So gibt es ein **breites Spektrum unterschiedlicher „Anwendungen"**, die sich zum Teil erheblich unterscheiden. Mit diesem Buch wollen wir allen, die auf der Suche nach detaillierter Information, näherer Beschreibung und weiterführenden Hinweisen zum Thema Klassenrat sind, einen **Leitfaden** an die Hand geben, mit dem sie sich selbst ein Bild machen können, ob der Klassenrat eine Methode ist, die zu ihnen passt und mit der sie ihre pädagogischen Ziele verwirklichen können. Darüber hinaus erhalten sie das nötige Know-how aus der Praxis, um den Klassenrat kompetent durchzuführen.

Wenn wir im Folgenden von Schülern und gelegentlich von Lehrern sprechen, so sind selbstverständlich ausdrücklich die Schülerinnen und Lehrerinnen mitgemeint. Im Sinne der besseren Lesbarkeit haben wir uns auf die männliche Form beschränkt.

▨ Theoretische Grundlage des Klassenrats

Der Begriff „Klassenrat" kommt ursprünglich aus der **Freinet-Pädagogik.** Der Klassenrat (oder die Klassenversammlung) wird hier definiert als „demokratische Gesprächsrunde zu festgelegten Zeiten, in der sich Schüler und Lehrkräfte gemeinsam mit konkreten Situationen aus der Unterrichtsgestaltung und -planung beschäftigen." (Friedrich/Kleinert 1997, S. 30). Freinets Pädagogik baut darauf auf, dass jeder Mensch, also auch jeder Schüler, das Recht auf Verschiedenheit hat. Es ist also nicht die Aufgabe der Schule, die Schüler zu einem Typ zu normieren, sondern ihre spezifischen Bedürfnisse zu berücksichtigen.

Daraus ergeben sich bei Freinet verschiedene grundlegende Ziele für den Schulalltag wie

▶ freie Entfaltung der Persönlichkeit,
▶ kritische Auseinandersetzung mit der Umwelt,
▶ Selbstverantwortung des Kindes,
▶ kooperative Arbeit und gegenseitige Verantwortlichkeit.

Die vier Ziele sollen im Unterricht verwirklicht werden, wobei der Klassenrat ein wichtiger Baustein ist. Hier fassen Lehrer und Schüler gemeinsam wichtige **Beschlüsse zur Unterrichtsorganisation** (räumlich, zeitlich, finanziell, Verteilung von Verantwortlichkeiten) **und zur Unterrichtsplanung** (Inhalte und Ziele), es werden Regeln aufgestellt und hinterfragt und Konflikte angesprochen (zitiert nach D. Baillet, Freinet – praktisch, S. 16–26).

In der Freinet-Pädagogik ist der Klassenrat Teil eines umfassenden Konzepts, das nicht jeder so übernehmen will und das auch nicht für jede Schule passt. Da wir den Klassenrat aber auch ohne den theoretischen Überbau für eine gute Methode halten, möchten wir hier ein praktikables, leicht umsetzbares Konzept des Klassenrats für die ganz „normale" Klasse und den ganz „normalen" Lehrer vorstellen.

▨ Definition für die Regelschule

Für die Regelschule definieren wir den Klassenrat so:

> **Der Klassenrat ist eine regelmäßig stattfindende Gesprächsrunde, in der sich Schüler und die Klassenlehrkraft gemeinsam mit konkreten Anliegen der Klassengemeinschaft (z.B. Ausflüge oder Projekte, Organisationsfragen wie Dienste und Regeln, Probleme und Konflikte) beschäftigen und dafür möglichst einvernehmliche Lösungen finden.**

Im Unterschied zum Freinet-Konzept soll der Klassenrat also nicht die großen Fragen der Unterrichtsziele und -inhalte bearbeiten, sondern die kleinen Dinge besprechen, die alle angehen und die für das Wohlfühlen von Schülern und Lehrern im Lebensraum Schule Bedeutung haben. Klassenrat ist kein Unterricht im herkömmlichen Sinne und stellt deshalb an die Lehrkraft und ihre Haltung den Schülern gegenüber besondere Anforderungen (s. unten und Kap. 3 „Voraussetzungen bei den Schülern").

▨ Schüler und Lehrkraft im Klassenrat: Rollen und Verantwortung

Schüler und Lehrer begegnen sich im Klassenrat auf einer anderen Ebene als im Fachunterricht. Während dort die Vermittlung von Inhalten einen breiten Raum einnimmt, wird im Klassenrat schwerpunktmäßig auf der **Beziehungsebene** gearbeitet. Alle Beteiligten treffen sich als gleichberechtigte Partner, die gemeinsam an befriedigenden Lösungen arbeiten, und dürfen sich so begegnen, wie sie sind. Die Fassade, die Schüler und Lehrer im Unterricht aufgebaut haben, kann Stück für Stück wegfallen, da es im Klassenrat nicht um Noten, guten Eindruck, Disziplinierung oder Strafen geht, sondern um das gute Miteinander.

Rolle und Verantwortung der Lehrkraft

Im Klassenrat kann der Lehrer den „wissenden" Teil seiner Rolle („Ich weiß, was richtig ist.") zugunsten des „begleitenden" Teils der **Lehrerrolle** („Wir finden zusammen den richtigen Weg.") zurückstellen. Er kann die Verantwortung für die „richtige" Lösung abgeben. Das bedeutet, dass nicht mehr der Lehrer allein entscheidet, wie etwas gemacht wird (daraus folgt ja oft der Unmut gegenüber dem Lehrer), sondern dass alle in der Klasse gemeinsam entscheiden und damit auch gemeinsam für das Ergebnis verantwortlich sind. Das ist eine große Entlastung! Allerdings behält der Lehrer die Verantwortung für den Prozess der Begleitung. Manchmal wird die Idee der gemeinsamen Entscheidung missverstanden und so interpretiert, dass die Schüler jetzt ganz allein mit ihren Anliegen klarkommen sollen („Jetzt seht mal zu, wie ihr das Problem allein löst."). Je jünger die Schüler im Klassenrat sind, umso mehr Begleitung brauchen sie jedoch im Prozess, d.h. die Lehrkraft leitet die Schüler an, wie man zu einem einvernehmlichen Ergebnis kommt, die Verantwortung für das Ergebnis selbst verbleibt aber beim Klassenrat.

In der **Rolle der Begleitung** kann der Lehrer – vielleicht noch viel mehr als im Fachunterricht – als Modell für respektvollen Umgang miteinander dienen. Er kommuniziert einerseits transparent und klar, wendet sich andererseits den Schülern immer wieder einfühlsam zu und nimmt sie mit ihren Anliegen ernst. Damit wird der Lehrer als Mensch für die Schüler fassbar und erlebbar. Hierdurch treten die üblichen **Schwierigkeiten des Unterrichts** (Paul ist der Kasper. Thomas stört durch Reinreden. Franziska träumt.) deutlich weniger auf (sofern die Schüler merken, dass der Klassenrat wirklich etwas anderes ist), was auch wieder positiv auf den Unterricht zurückstrahlt (s. Kap. 2).

Die begleitende Rolle der Lehrkraft bedeutet natürlich nicht, dass nun alle **disziplinarischen Anteile** wegfallen. Der Lehrer bleibt verantwortlich dafür, dass die, die am Klassenrat teilnehmen wollen, dies in Ruhe tun können (s. dazu Kap. 3 „Einführung des Klassenrats"), und auch dafür, dass die

Ordnung der Schule und der Gesellschaft nicht verletzt werden. Der Lehrer besitzt eine Art **Rahmenkompetenz**, d.h. er setzt den Rahmen, innerhalb dessen die Entscheidungen frei getroffen werden können. Das verlangt von dem Lehrer, dass er für sich selbst immer wieder reflektiert, welchen Rahmen er den Schülern geben kann und will. Zudem sollte er seine Entscheidungen erklären können, wenn Schüler diese in Frage stellen.

> **Die Lehrkraft übernimmt im Klassenrat die Rolle des Begleiters sowie die Verantwortung für den Prozess, nicht jedoch für das Ergebnis. Sie leitet die Schüler an, wie man zu einem einvernehmlichen Ergebnis kommt. Sie setzt den Rahmen, innerhalb dessen Entscheidungen fallen können, und macht ihn transparent.**

Rolle und Verantwortung der Schüler

Schüler (wie übrigens auch Lehrer) verbringen einen erheblichen Teil ihrer Lebenszeit in der Schule. Sie kommen (jedenfalls meistens) zur Schule, um sich mit neuen Inhalten auseinanderzusetzen, aber vor allem auch, um andere Menschen zu treffen, also ihre sozialen Beziehungen zu Gleichaltrigen zu gestalten. Fragt man die Schüler, wie sie beide Anteile gewichten, so ist für sie beides gleich wichtig.

Der Schulbetrieb nimmt aber häufig an, dass die Inhalte das Wichtigste sind, dass die Schüler da sind, um „etwas zu lernen". Die Schüler lernen dann auch etwas – nämlich, dass der Stoff wichtiger ist als der Mensch, dass es kaum möglich ist, sich mit anderen als den schulisch benoteten Qualitäten in die Klassengemeinschaft einzubringen, dass neue Ideen vorzubringen, eher schwierig ist, und dass Konflikte nicht offen oder nach dem Sieger-Verlierer-Prinzip ausgetragen werden.

Der Klassenrat schafft dazu ein Gegengewicht. In einem sonst oft sehr stoff- und leistungsorientierten Schulalltag haben die Schüler die Sicherheit, dass im Klassenrat ihre Anliegen gehört und ernst genommen werden. Hier können die Schüler lernen, dass die **Beziehungen untereinander** genauso wichtig sind wie der Stoff, dass es einen Ort gibt, an dem auch andere Fähigkeiten und neue Ideen ihren Platz finden, dass es dort, wo Menschen zusammen leben und arbeiten, unvermeidlich Meinungsverschiedenheiten und Konflikte gibt, die als Lernchance begriffen und konstruktiv gelöst werden.

All dies bedeutet für die Schüler, dass auch sie aus der angestammten Rolle (des Kaspers, des Störers, des Strebers) herausdürfen und sogar müssen. Wie die Lehrkraft müssen sie sich selbst als ganze Person einbringen und Verantwortung für die Beschlüsse und Lösungen übernehmen. In der Regel sind die Schüler dazu gern bereit und bringen sich mit ihren großen und kleinen Anliegen, ihren Ideen und Lösungen in den Klassenrat ein, da es hier um das geht, was sie selbst betrifft. Wenn die Schüler merken, dass das Angebot der **Mitentscheidung und Mitverantwortung** ernst gemeint ist, entsteht

eine große Ernsthaftigkeit bei der Problemlösung, die viele positive Auswirkungen auf das gesamte Miteinander hat (s. Kap. 2 „Klassenrat: Wozu?").

Nicht immer gelingt es, alle Beschlüsse (insbesondere wenn damit Verhaltensänderungen verbunden sind) sofort in die Tat umzusetzen. Deshalb verlangt der Klassenrat von den Schülern (und der Lehrkraft) auch Geduld mit sich selbst und den anderen. Allerdings können im Klassenrat alle Beteiligten üben, Fehler als Lernhilfen zu begreifen und auch kleine Anstrengungen und Fortschritte positiv zu bewerten. So ist es für einen Schüler, der im Konflikt schnell wütend wird und zuschlägt, schon ein großer Erfolg, wenn er es einmal schafft, seine Wut anders abzureagieren. Damit hat das Schlagen zunächst nicht aufgehört, aber der Schüler kann im Klassenrat erfahren, dass die anderen seine Anstrengungen würdigen, auch wenn sie sein Verhalten weiterhin nicht akzeptabel finden.

> **Die Schüler bringen sich ebenso wie die Lehrkraft als Person in den Klassenrat ein. Sie müssen gewillt sein, an einer gemeinsamen Lösung und deren Umsetzung eigenverantwortlich mitzuarbeiten.**

So wird im Klassenrat durch das Besprechen der Dinge, die alle angehen, durch **gegenseitige Wertschätzung und positive Anerkennung** der verschiedenen Beiträge zur Klassengemeinschaft sowie kleiner Fortschritte eine stabile Beziehung aufgebaut, die auch auf den Unterricht und das gemeinsame Miteinander zurückwirkt.

Klassenrat: Wozu?

Bevor man als Lehrer eine Stunde pro Woche für den Klassenrat verwendet (die man eventuell noch von der übrigen Stundentafel abknapsen muss), stellt man sich natürlich die Frage: **Lohnt sich denn das überhaupt?** Was bringt mir (und den Schülern) dieser Einsatz? Diese Fragen möchten wir aus der langjährigen Arbeit mit dem Klassenrat heraus beantworten. Dabei geht es nicht um wissenschaftliche Erhebungen, sondern um Erfahrungen, die wir und andere Lehrkräfte, die mit dem Klassenrat arbeiten, gemacht haben. Diese Erfahrungen, aber auch die Anbindung des Klassenrats an die Lehrpläne und Bildungsstandards können auch als **Argumentationshilfen** gegenüber Eltern oder in Lehrerkonferenzen dienen, wenn es in der zunehmend selbstverantwortlichen Schule um Schulcurricula, die Verwendung von Stunden oder das Schulprofil geht.

Was bringt der Klassenrat?

Die Hauptaufgabe von Schule besteht darin, dass Schüler etwas lernen können. Die neuere Hirnforschung zeigt uns, dass Lernen ein kreativer Prozess ist, der dann zielführend verlaufen kann, wenn das Lernen in einer angstfreien Umgebung stattfindet, in der man sich angenommen und aufgehoben fühlt. Der Klassenrat kann hierzu einen wichtigen Beitrag leisten, denn durch den Klassenrat verbessert sich das Klassen- und damit das Lernklima: Die Klassengemeinschaft fühlt sich stärker zusammengehörig und gewalttätige Auseinandersetzungen werden vermieden (s. auch unten „Klassenrat und guter Unterricht").

Darüber hinaus ermöglicht der Klassenrat den Schülern eine breite Palette von individuellen Lernchancen. Sie erwerben dabei personale, soziale und methodische Kompetenzen auf einem Gebiet, das sonst eher selten im Unterricht thematisiert wird: dem (gelingenden) Umgang miteinander. Hier geht es um prosoziales Verhalten, um die so genannten Soft Skills, die im Berufsleben neben dem Fachwissen immer wieder gefordert werden, die aber auch für das Funktionieren unserer Gesellschaft unabdingbar sind. Gerade in einer Zeit, in der viele Kinder in Kleinstfamilien aufwachsen, Eltern oft unsicher in der Erziehung sind, die Medien die Art des Umgangs miteinander prägen, bietet der Klassenrat die Möglichkeit, eine Vielzahl von Kompetenzen zu erleben und einzuüben.

Aber der Klassenrat bringt nicht nur den Schülern etwas, sondern auch der Lehrer erfährt eine deutliche Entlastung. Gerade in der Grundschule, aber auch in weiterführenden Schulen müssen Lehrer immer wieder viel Zeit für die Bearbeitung von Konflikten zwischen Tür und Angel verwenden, wenn z.B. die Schüler aus der Pause kommen oder ihre Anliegen im Unterricht vorbringen. Der Klassenrat ermöglicht der Lehrkraft, ein Großteil dieser Anliegen auf die Klassenratsstunde zu verschieben und dort in Ruhe zu behandeln.

Die Vorteile des Klassenrats auf einen Blick:

Der Klassenrat ermöglicht guten Unterricht durch

▶ positives Klassen- und Lernklima,
▶ Stärkung der Klassengemeinschaft,
▶ Gewaltprävention.

Der Klassenrat entlastet die Lehrkraft durch

▶ Vertagen und Konzentration der Anliegen und Probleme auf die Klassenratstunde,
▶ Teilen der Verantwortung.

Der Klassenrat vermittelt Kompetenzen:

▶ **personale Kompetenzen:**
Identitätsentwicklung (Selbst- und Fremdwahrnehmung), Emotionalität (Umgang mit Gefühlen), Konzentrationsfähigkeit, Selbststeuerungsfähigkeit, Eigenverantwortlichkeit, Selbstvertrauen (Erfahren von Selbstwirksamkeit).
▶ **soziale Kompetenzen:**
Kommunikationsfähigkeit, Empathie, Konfliktfähigkeit, Teamfähigkeit, Verantwortungsbereitschaft, Toleranz, Akzeptanz.
▶ **methodische Kompetenzen:**
Konfliktlösung, Protokoll verfassen, Gesprächsleitung, Planung von Abläufen.
▶ **fachliche Kompetenzen:**
Inhalte Deutsch (Kommunikationstheorie, Wortschatz).

Klassenrat und guter Unterricht

Guter Unterricht ist ein Schlagwort, das in Schule und Bildungsbereich sehr geläufig ist. Hilbert Meyer expliziert in seinem Buch (Hilbert Meyer, Was ist guter Unterricht?, Berlin 2004) die **zehn Merkmale eines guten Unterrichts**. Liest man diese zehn Merkmale, wird deutlich, wie hilfreich der Klassenrat für guten Unterricht sein kann. Wir verkürzen im Folgenden einige Merkmale auf den Klassenrat hin. Bei Meyer umfassen die Merkmale in der Regel weit mehr als die Aspekte, die wir herausgreifen.

Für eine **klare Strukturierung** des Unterrichts bedarf es u.a. der Absprache von Regeln, Ritualen und Freiräumen. Der Lehrer hat dafür zu sorgen, dass Regeln vereinbart und eingehalten werden, wobei die schrittweise Verantwortungsübernahme durch die Schüler erwünscht ist. So ist es nicht verwunderlich, dass nach einer Studie von Haertel und Walberg die Art der Klassenführung durch den Lehrer auf Platz 2 der Rangfolge des Einflusses auf den Lernerfolg steht. Der Klassenrat bietet Raum, Zeit und klare Regeln! So kann mit seiner Hilfe die Klassenführung optimiert und der Lernerfolg gesichert werden.

Weiterhin fordert Meyer einen **hohen Anteil an echter Lernzeit**. Dies gelingt u.a. dadurch, dass Organisationskram, Disziplinkonflikte und Problemrunden ausgelagert werden. Und was wäre besser geeignet, als einen festen Ort und eine feste Zeit dafür in der Woche festzulegen?

Ein **lernförderliches Klima** entsteht durch gegenseitigen Respekt, verlässlich eingehaltene Regeln und durch Verantwortungsübernahme. Dies ist heutzutage nicht vorauszusetzen, sondern muss schrittweise eingeübt werden. Verstöße werden im Klassenrat thematisiert, Beschimpfungen und Beleidigungen besprochen und gemeinsame Lösungen gesucht. Jeder hat für sich und die Klasse im Klassenratsprozess und bei der Einhaltung des Besprochenen Verantwortung zu übernehmen. Im Mediationsprozess lernen die Schüler, sich gegenseitig zu respektieren und Rücksicht zu nehmen. Die Empathiefähigkeit wird trainiert.
Das Klima, schreibt Meyer, macht die Schüler nicht klüger, aber es hat eine katalysierende Wirkung für das Starkmachen der übrigen neun Merkmale guten

Unterrichts (Meyer, S. 53). Für den Klassenrat darf festgehalten werden, dass durch das Besprechen der Dinge, die alle angehen, durch die gegenseitige Wertschätzung und die positive Anerkennung der verschiedenen Beiträge eine stabile Beziehung der Klassengemeinschaft aufgebaut wird, die auch in den Unterricht und auf das Miteinander zurückwirkt.

Für ein **sinnstiftendes Kommunizieren**, bei dem die Schüler im Austausch mit ihren Lehrern dem Lehren und Lernen eine persönliche Bedeutung geben, kann der Klassenrat den erforderlichen Rahmen bzw. die vorauszusetzenden Regeln liefern. Nach diesen können Sinnkonferenzen und Planungsbeteiligungen erfolgen sowie eine Feedbackkultur entstehen. Meyer referiert mehrfach die Ergebnisse von empirischen Studien zur „just community", die nachweisen, dass regelmäßige Diskurse der Schüler über Probleme der Klassen- und Schulgemeinschaft dauerhafte positive Effekte auf das Unterrichtsklima und die Unterrichtsqualität haben.

Neben der **Methodenvielfalt**, dem **intelligenten Üben** und der **transparenten Leistungserwartung** führt Meyer als zehntes Merkmal die **vorbereitete Umgebung** an. Wichtige Merkmale sind die gute Ordnung, die funktionale Einrichtung und brauchbares Lernwerkzeug. Die Schüler sollen über den Raum verfügen, damit sie sich mit dem Lernort identifizieren. Die „vier Rs" erleichtern den Schülern die Inbesitznahme des Klassenraums: Reviere, Regeln, Rituale und Routinen. Um diese jedoch zu vereinbaren und nicht einfach von Lehrerseite zu setzen, wird ein Instrumentarium benötigt, mit dessen Hilfe diese Vereinbarungen getroffen werden können. Den im Klassenrat geübten Klassen wird dies leichtfallen.

Ein weiterer wesentlicher Grund für den Klassenrat besteht für uns auch in dem Auftrag der Schule, den Schülern **demokratische Grundhaltungen** zu vermitteln. Der Klassenrat ermöglicht den Schülern, beispielhaft zu erleben, wie eine humane und demokratische Gesellschaft funktionieren könnte.

Die Schüler lernen im Klassenrat, ihre Sach- und Beziehungsprobleme gewaltfrei und konstruktiv in der Klassengemeinschaft zu lösen. Der Klassenrat wirkt somit direkt **gewaltpräventiv** und kann gleichzeitig zum Modell für ein größeres gesellschaftliches Zusammenleben werden.

Wird der Klassenrat auch in höheren Klassen regelmäßig durchgeführt, kann er einen wichtigen Beitrag zu einer effektiven **Feedbackkultur** für den Unterricht und für die gesamte Schule werden, da in diesen Klassen nicht mehr so sehr die kleinen Alltagsprobleme im Mittelpunkt stehen, sondern zunehmend der Unterricht und die Unterrichtsqualität thematisiert werden können. Eine gut funktionierende Feedbackkultur verbessert den Unterricht nicht nur auf der Sachebene, sondern wirkt auf der Beziehungsebene auf das gemeinsame Miteinander im Unterricht zurück.

▪ **Klassenrat und Kompetenzerwerb**

Neben dem verbesserten Lernumfeld, das das Lernen an sich erleichtert, ja manchmal sogar erst ermöglicht, bietet der Klassenrat vielfache Lernanlässe, um die Kompetenzen der einzelnen Schüler auszubilden und zu vertiefen. Seit PISA haben viele Bundesländer ihre Lehrpläne um den Kompetenzbegriff erweitert: Dabei geht es jetzt nicht mehr nur um den Stoff, den die Schüler lernen sollen (fachliche Kompetenzen), sondern auch um Kompetenzen, die der einzelnen Person zugewiesen werden (personale Kompetenzen), Kompetenzen, die sich auf den Umgang mit anderen Menschen beziehen (soziale Kompetenzen), und Kompetenzen, die sich mit dem Vorgehen in bestimmten Situationen, den Methoden, beschäftigen (methodische Kompetenz). In jedem Bundesland sind diese Kompetenzen ausdrücklich oder im Vorwort der Lehr- und Bildungspläne erwähnt. Der Klassenrat bietet eine gute Möglichkeit, diese Kompetenzen zu erwerben und zu vertiefen.

Immer wieder wenden Eltern oder auch Kollegen ein, dass der Klassenrat (oder ähnliche Vorgehensweisen) doch eigentlich nichts mit Schule zu tun hat, dass die Lehrkraft lieber Deutsch und Mathe unterrichten solle. Wir fügen diesen Abschnitt über die Kompetenzen an, um allen Interessierten Argumentationshilfen für die Gespräche mit denen zu geben, die den Klassenrat für „Kuschelpädagogik" oder gänzlich nutzlos halten.

Personale Kompetenzen

Im Klassenrat erfahren sich die Schüler – noch mehr als im Unterricht – als eingebunden in einen sozialen Verband: die Klasse. Hier erfährt sich jeder Einzelne als Person, die mit anderen interagiert, und nimmt sich selbst als eigenständig und verschieden von den anderen wahr. Gleichzeitig wird jeder Schüler mit der Wahrnehmung seiner Person durch die anderen konfrontiert (**Selbst- und Fremdwahrnehmung**). Dadurch werden immer wieder Korrekturprozesse zwischen dem Eigenbild und dem Fremdbild ermöglicht, die die **Identitätsentwicklung** fördern. Beispielsweise entwirft ein Kind von sich eine Vorstellung, was es nicht gut kann. Im Klassenrat kann es dann erfahren, dass die Klassenkameraden finden, dass es gerade dies gut kann. So kommt ein Reflexionsprozess in Gang. Das Gleiche gilt auf der Verhaltensebene. Hier meint ein Schüler beispielsweise, dass sein Verhalten doch „voll okay" sei. Die Mitschüler melden ihm im Klassenrat aber zurück: „Uns stört genau dieses Verhalten." Damit erhält er eine wertvolle Rückmeldung für seine Person. Da Entwicklungsprozesse dieser Art immer wieder auch geleitete Unterstützung brauchen, fügen wir in Kap. 5 einige zusätzliche vertiefende Übungen an.

Die Besprechung der Anliegen und Probleme im Klassenrat macht immer wieder deutlich, dass unser Handeln von Gefühlen gesteuert wird, dass Gefühle, positive und negative, uns immer begleiten. Dadurch können die Schüler ihre **Emotionalität** weiterentwickeln. Während im Unterricht die Gefühlsebene eher nicht thematisiert wird, darf, ja soll man im Klassenrat darüber sprechen, welche Gefühle da sind, wie sie heißen, wie sie sich anfühlen und wie man damit konstruktiv umgehen kann. Im Klassenrat können und sollen die Schüler lernen, dass Gefühle, auch negative, normal und okay sind, dass sie aber „umweltverträglich" abgebaut werden müssen, damit niemand zu Schaden kommt. Gerade Kompetenzen in diesem Bereich sind für das weitere (Schul)Leben unabdingbar: Nur wenn hilfreiche Strategien im **Umgang mit Gefühlen** beherrscht werden, gelingt das Zusammenleben und -arbeiten in einer Gesellschaft (s. auch Kap. 5).

Während Schüler im Unterricht oft schnell ermüden und abgelenkt sind, gelingt es selbst unruhigen Schülern im Klassenrat immer wieder, sich über längere Zeiträume zu konzentrieren und beim Thema zu bleiben. Durch eine klare Struktur, aber auch die innere Beteiligung an den Anliegen, die besprochen werden, können die Schüler ihre **Konzentrationsfähigkeit** verbessern. Aus der Erfahrung „Ich kann im Klassenrat eine ganze Stunde bei der Sache bleiben." kann ein Schüler mit Hilfe der Lehrkraft auch Strategien für den Unterricht entwickeln (Wie hast du es geschafft, im Klassenrat bei der Sache zu bleiben? Was brauchst du im Unterricht, damit du es dort auch kannst?). Der Schüler erfährt, dass er selbst „Herr des Geschehens" ist, dass er fähig ist, sich selbst zu steuern. Gelingt dies (wenn auch manchmal zunächst in ganz kleinen (Fort-)Schritten), steigert dies das Vertrauen in die **Selbststeuerungsfähigkeit** (es passiert nicht mit mir, sondern ich entscheide mich dafür) – eine Fähigkeit, die eine wichtige Voraussetzung für die Entwicklung von Eigenverantwortlichkeit ist.

Eigenverantwortlichkeit wird im Klassenrat in doppelter Hinsicht entwickelt. Einerseits wird im Klassenrat vermittelt, dass jeder und jede Verantwortung für sein und ihr Tun übernehmen muss und kann: Du entscheidest, ob du zuschlägst oder weggehst, selbst wenn der andere dich provoziert.

Andererseits erleben die Schüler, dass sie auch für die Lösung von Problemen und Konflikten wie für den Umgang in der Klassengemeinschaft insgesamt Verantwortung tragen. So entscheidet nicht der Lehrer, wie ein Konflikt gelöst wird, sondern die Schüler selbst finden die Lösung. Nicht der Lehrer legt fest, wie eine gute Klassengemeinschaft aussieht, wie es gelingt, dass sich alle wohl fühlen, sondern die ganze Klasse (dazu gehört auch der Lehrer) bespricht, wie ein gutes Miteinander gelingen kann.

Und nicht zuletzt fördert der Klassenrat das **Selbstvertrauen** jedes Schülers. Selbstvertrauen ist Voraussetzung für jede Art von gelingendem Lernen und gelingendem Miteinander. Schüler mit geringem Selbstvertrauen stören eher den Unterricht oder müssen andere abqualifizieren. Im Klassenrat dagegen merkt jeder Schüler, dass er wichtig für die Klassengemeinschaft ist („Alle sind wichtig, damit wir eine gute Lösung finden.") und als Person in seiner Verschiedenheit angenommen wird (jedes Anliegen wird ernst genommen). Durch die Beteiligung an Entscheidungsprozessen und das erfolgreiche Umsetzen erfährt sich der Schüler darüber hinaus immer wieder als selbstwirksam. Die Erfahrung von **Selbstwirksamkeit** („Ich kann in meiner Klasse etwas bewirken, das von den anderen anerkannt wird.") befördert nicht nur das Selbstvertrauen, sondern ist gleichzeitig auch ein wichtiger Baustein in der Sucht- und Gewaltprävention.

Soziale Kompetenzen

Im Klassenrat stehen alle Beteiligten in einem intensiven Kontakt. Sie setzen sich auf der Sachebene über Themen und Konflikte auseinander, sie klären auf der Beziehungsebene, wie sie zueinander stehen, sie geben etwas von sich selbst preis und zeigen, wie sie sind, wollen aber auch von den anderen etwas erfahren oder Verhaltensänderungen bewirken. Daher wird im Klassenrat auch eine Vielzahl von (pro)sozialen Kompetenzen ausgebildet, von denen wir nur die wichtigsten nennen wollen.

Der Klassenrat fördert insbesondere die **Kommunikationsfähigkeit** der Schüler, denn im Klassenrat werden sie angehalten, sich am allgemeinen Gespräch zu beteiligen, ihre eigenen Gedanken verständlich zu formulieren, die eigene Meinung zu begründen, aber auch anderen zuzuhören, nachzufragen und die Gesprächsregeln einzuhalten. Gerade stillere Schüler, die im Fachunterricht manchmal „untergehen", können im Klassenrat gezielt ihre Kommunikationskompetenz ausbauen. Aber auch die „Lauten" erfahren möglicherweise, dass die Art ihrer Kommunikation eher hinderlich für ein konstruktives Miteinander ist.

Denn neben dem Einüben der o.g. gesprächstechnischen Kompetenzen kann man im Klassenrat Kommunikation aus einer Metaperspektive betrachten. Ganz plastisch kann man einen Schritt zurückgehen und mit den Schülern überlegen: Was passiert da zwischen den beiden, die sich streiten? Welches „Spiel" spielen die beiden immer wieder? Oder man kann über die konkrete Konfliktlösung hinaus überlegen: Was führte zur Eskalation des Konflikts? Was hätte ihn deeskalieren können? Sie lernen so, dass unterschiedliche Redeweisen unterschiedliche Auswirkungen haben, dass zur Kommunikation auch Lautstärke und Körpersprache gehören, dass klare Kommunikation und Ich-Botschaften zielführender sind als Du-Botschaften und dass einfühlendes Zuhören nicht nur eine hilfreiche Technik im Umgang mit anderen ist, sondern auch dem „gut tut", dem zugehört wird. So erweitern die Schüler ihre Kommunikationsfähigkeiten immer mehr und erwerben ein sprachliches Handlungsspektrum. Grundlegende Übungen zur Entwicklung der Kommunikationsfähigkeit finden sich in Kap. 5.

Für eine gute Kommunikation wichtig und hilfreich ist die Fähigkeit zur **Empathie**, die Fähigkeit, sich in andere einzufühlen, sich also vorzustellen, wie man sich an der Stelle des anderen fühlen würde. Dieses Einfühlungsvermögen wird im Klassenrat ganz explizit eingeübt, indem die Schüler immer wieder angehalten werden, die Perspektive zu wechseln (Wenn du X wärst, wie würdest du dich fühlen?). Hier kann man auch den Bogen zur Emotionalität (s.o.) schlagen. Empathiefähigkeit ist unabdingbare Voraussetzung für ein gutes Zusammenleben in Gruppen, Schule und Gesellschaft. Gerade in Studien zur Kriminalität wird häufig bemängelt, dass Täter kein Mitleid mit ihren Opfern haben, dass noch zugeschlagen wird, wenn der Gegner schon am Boden liegt. Empathiefähigkeit kann aber ausgebildet werden, so sagen uns die Hirnforscher. Denn jedes Erleben von Empathie der eigenen Person gegenüber hinterlässt im Gehirn bleibende Spuren und ermöglicht, selbst empathisch zu handeln. Dazu kann der Klassenrat einen ganz wichtigen Beitrag leisten, wenn die Schüler empathische Vorbilder haben, selbst einfühlsam behandelt und dazu angehalten werden, Einfühlungsvermögen auszubilden (Übungen zur Empathie s. Kap. 5).

Empathie und Kommunikationsfähigkeit sind die Voraussetzung für eine breite Palette anderer Kompetenzen, die der Klassenrat ebenfalls fördert. Dazu gehören Teamfähigkeit und **Konfliktfähigkeit**. Konfliktfähigkeit beinhaltet, dass jemand fähig ist, Konflikte angemessen anzusprechen und sie kooperativ zu lösen. Der Klassenrat gibt den Schülern dabei eine klare Struktur vor, die sowohl das Ansprechen von Konflikten ermöglicht als auch Hilfestellung beim Finden von und Entscheiden für gute Lösungen gibt. Die Struktur gibt den Schülern (und dem Lehrer) Halt und Sicherheit, sodass der Konflikt nicht eskaliert. Sie gibt ihnen einen Fahrplan an die Hand, wie man zu einer Lösung kommt, mit der alle gut leben können. Dadurch erfahren die Schüler, dass es möglich ist, Konflikte ohne Verlierer zu lösen, und dass es sinnvoll ist, über Probleme zu sprechen, statt sie totzuschweigen und auf andere (verdeckte) Ebenen zu verlagern. Wenn Schüler diese formale Struktur der Konfliktlösung verinnerlichen, werden sie zunehmend in der Lage sein, ihre Konflikte auch außerhalb des Klassenrats selbst zu lösen.

Teamfähigkeit bedeutet, dass jemand fähig ist, mit anderen in einen konstruktiven Austausch zu treten (Sprechen und Zuhören), seine eigenen Anliegen und Ideen angemessen zu vertreten, aber auch, sich in eine Gruppe einzufügen, Konflikte angemessen anzusprechen und die übertragenen Aufgaben verantwortungsvoll zu übernehmen. All dies wird auch im Klassenrat trainiert. Die Schüler bringen ihre Themen in angemessener Weise in den Klassenrat ein, erarbeiten gemeinsam eine Lösung und sind dann für die Durchführung der Lösung verantwortlich. Hält sich jemand nicht an die Vereinbarung, folgt die Rückmeldung aus der Klasse. Sie erleben sich als Teil einer Gruppe oder eines Teams, in dem es gilt, Rücksicht zu nehmen, Kompromisse einzugehen und sich gemeinsame Ziele zu setzen, die dann auch umgesetzt werden. Die Schüler sind selbst für die Lösung und Umsetzung verantwortlich, was wiederum die **Verantwortungsbereitschaft** fördert. Im Klassenrat erfahren die Schüler aber auch, dass die eigene Meinung nicht immer von allen geteilt wird. Dann, so macht es der Klassenrat erfahrbar, führen **Toleranz** gegenüber anderen Meinungen und die **Akzeptanz** der andersmeinenden Person weiter als das starre Durchsetzen eigener Interessen. So stellt der Klassenrat einen wichtigen Baustein in der Entwicklung grundlegender Verhaltensweisen von Teamfähigkeit dar und kann nicht nur ein Instrument der Teamentwicklung, sondern auch der Entwicklung grundlegender gesellschaftlich gewünschter Verhaltensweisen sein.

Ein Großteil der o.g. Kompetenzen findet sich auch als Inhalt der Bildungspläne im Fach Deutsch, Religion oder Sachkunde, sodass der Klassenrat keine zusätzliche Zeit kostet, sondern eher als Vertiefung der verschiedenen Kompetenzbereiche/Inhalte des Lehrplans angesehen werden kann.

Methodische Kompetenzen

In vielen Lehr- und Bildungsplänen wird zunehmend Wert darauf gelegt, dass auch die methodischen Kompetenzen ausdrücklich in den Blick genommen werden. Bisher hat guter Unterricht darauf abgezielt, den Schülern Strategien zu vermitteln, wie man an bestimmte Fragen herangeht und welche Methoden sich für welche Fragestellungen eignen. Wenn man weiß, wie der Weg aussieht (Methode kommt von griech. *met-hodos* = der Weg zu etwas hin), um eine bestimmtes Problem zu lösen, muss

man nicht mehr die Details dieses Falls kennen, sondern „nur" noch das Vorgehen beherrschen, das sich dann auf viele Fälle anwenden lässt. Gelingt es, dass Schüler diese Methoden verinnerlichen und ohne nachzudenken auf sie zurückgreifen können, erwerben sie eine Form von Bildung, die für das ganze weitere Leben verfügbar ist. Der Klassenrat vermittelt nicht nur für die Schule, sondern auch für das (Arbeits-)Leben wichtige Methoden in den Bereichen Konfliktlösung, Protokollieren, Gesprächsleitung.

Die Schüler erlernen im Klassenrat eine strukturierte Methode (s. Kap. 3), wie man Konflikte zur Zufriedenheit aller lösen kann, wenn die Bereitschaft zur Kooperation besteht. Bei der Einführung des Klassenrats (s. Kap. 3) wird die Methode der **Konfliktlösung** vorgestellt und dann in den einzelnen Sitzungen immer wieder so durchgeführt. Am Anfang ist es oft hilfreich, die einzelnen Schritte zu visualisieren. Später beherrschen die Schüler die einzelnen Schritte meist so gut, dass die Visualisierung entfallen kann und freier mit den einzelnen Schritten umgegangen wird, weil alle wissen, auf was es ankommt. Zu diesem Zeitpunkt haben die Schüler den Ablauf bereits so verinnerlicht, dass sie die Methode auch außerhalb des Klassenrats (in der Schule oder zu Hause) ganz oder in Teilen anwenden. Unterstützende Übungen zu den einzelnen Schritten der Konfliktmoderation finden sich in Kap. 5.

In jeder Klassenratssitzung wird ein Protokoll geschrieben. Je nach Klassenstufe kann damit jeweils ein Schüler beauftragt werden. Die Lehrkraft kann zunächst überlegen, was in ein Protokoll hinein muss, und ggf. ein Formblatt erstellen (ein Beispiel findet sich im Anhang, s. Kopiervorlage K1 – wir danken Klaus Kühn, Konrektor der Pestalozzi-Schule in Karlsruhe-Durlach, für seinen Entwurf, den wir unwesentlich verändert haben). Durch das regelmäßige **Protokollieren** wissen die Schüler schließlich, was zu einem Protokoll gehört und in welcher Form man es verfasst. Da das Protokollschreiben eine in vielen Berufen und (ehrenamtlichen) Tätigkeiten häufig vorkommende Aufgabe ist, die auch im Lehrplan im Fach Deutsch gefordert wird, trainieren die Schüler so eine sehr lebenspraktische Methode.

Der Klassenrat funktioniert nicht ohne Leitung, die die Verantwortung für die Rahmenbedingungen der Sitzung übernimmt. Die Lehrkraft übernimmt zunächst die Vorbildfunktion für das Wie der **Gesprächsleitung**. Dadurch lernen die Schüler bereits viel durch das „Abgucken". Wenn man die Leitung später den Schülern übertragen will, kann man einzelne zu Klassenratsmoderatoren ausbilden (s. Kap. 4). Möglich ist auch, die Leitung bei jeder Sitzung wechseln zu lassen. Dann ist es nötig, mit den Schülern zu erarbeiten, was bei der Gesprächsleitung zu beachten ist, und über ein individuelles Feedback die Methodik immer wieder zu reflektieren und mit praktischen Hilfestellungen und Übungen zu begleiten. Auch die Leitung von Gesprächen findet sich als Kompetenzstandard in vielen Lehrplänen. Der Klassenrat bietet ein echtes Übungsfeld, in dem sich die Schüler erproben können.

Im Klassenrat werden ja nicht nur Konflikte gelöst, sondern auch Fragen der Zusammenarbeit und der **Planung** gemeinsamer Aktivitäten erörtert. Dabei lernen die Schüler, wie sie an planerische Aufgaben herangehen oder wie sie gemeinsam eine gute Zusammenarbeit organisieren können. Werden diese Anliegen im Klassenrat besprochen, ist es wichtig, immer wieder die ablaufenden Klärungsprozesse aus der Metaebene zu betrachten (Was passiert hier gerade? Ist es hilfreich oder nicht?), um den Schülern grundlegende Abläufe im Zusammenhang mit Planungsaufgaben zu verdeutlichen.

Fachliche Kompetenzen

Da im Klassenrat nicht Stoff im eigentlichen Sinne vermittelt wird, werden Wissensinhalte weniger systematisch und eher nebenbei gelernt. Dennoch kann man den Klassenrat „benutzen", um z.B. kommunikationstheoretische Inhalte (Kommunikationsmodelle, Gesprächstechniken usw.) oder sprachliche Inhalte, wie z.B. Wortschatzerweiterung zum Thema Gefühle, zu verdeutlichen und zu vertiefen.

■ Entlastung der Lehrkraft

Alle voranstehenden Vorteile des Klassenrats nehmen den einzelnen Schüler oder das übergeordnete Ziel von Schule, Lernen zu ermöglichen, in den Blick. Durch die vielen Veränderungen, denen Schulen und damit auch Lehrkräfte unterworfen sind, kommt leicht der subjektive Eindruck auf, dass man als Lehrer immer noch zusätzliche Anforderungen schultern müsse. Der Klassenrat bedeutet auf den ersten Blick auch eine solche zusätzliche Anforderung: Er „kostet" eine Stunde in der Woche, er bedeutet Einarbeitung in eine neue Methode, er fordert die Lehrkraft als Person. Aber, und das ist die Erfahrung fast aller Lehrer, die den Klassenrat wie hier beschrieben durchführen, er stellt gleichzeitig eine enorme Entlastung dar.

Der Klassenrat bietet die Möglichkeit, **Anliegen und Probleme**, die bisher in der Unterrichtszeit oder in der Pause zwischen Tür und Angel besprochen werden mussten, auf einen festgelegten Zeitpunkt in der Woche zu **verschieben**. Schüler, die zwischendurch mit Anliegen kommen, kann man auf den Klassenrat verweisen („Dieses Anliegen sollten wir im Klassenrat besprechen. Wie wär's, wenn du es in unser Klassenratsbuch schreibst?"). Dadurch kann der Lehrer im Unterricht unterrichten und in der Pause Pause (oder anderes) machen. Darüber hinaus kann man sich im Klassenrat Zeit nehmen, ein Anliegen wirklich zu besprechen. Das führt sowohl bei der Lehrkraft wie auch bei den Schülern zu größerer Zufriedenheit. Gelegentlich erledigen sich Anliegen auch von selbst – besonders dann, wenn die Schüler sich mit der Methode schon auskennen und sie selbst anwenden können.

Beispiel: In einer 6. Klasse, die seit der 5. Klasse regelmäßig den Klassenrat durchführt, berichtet die Klassenlehrerin, dass ihre Schüler immer wieder im Klassenrat mitteilen, dass sie ihr Problem bereits selbst gelöst haben („Dieses Problem aus dem Buch hat sich erledigt. Wir haben es schon selbst gelöst."). Andererseits trauen die Schüler sich auch, im Klassenrat um Unterstützung durch die Klasse zu bitten, wenn es ihnen nicht allein gelungen ist („Wir möchten unser Anliegen im Klassenrat besprechen, weil wir allein nicht weiterkommen.").

Selbstverständlich gibt es auch (wenige) Probleme, die man als Lehrer sofort bearbeiten muss. Die Schüler können allerdings nach kurzer Zeit sehr gut selbst entscheiden, welche Anliegen sie am besten gleich ins Klassenratsbuch schreiben und bei welchen sie sofort den Lehrer hinzuziehen müssen.

Das Verschieben von Problemen und Anliegen in den Klassenrat bedeutet eine deutliche zeitliche Entlastung. Darüber hinaus entlastet der Klassenrat den Lehrer aber auch psychologisch, denn er teilt die Verantwortung für die Lösung von Konflikten und die Besprechung anderer Anliegen mit den Schülern. So wird den Schülern deutlich, dass alle in der Klassengemeinschaft ihren Beitrag zum guten Miteinander leisten müssen und sie nicht dem Lehrer „die Schuld" in die Schuhe schieben können. Das häufige Phänomen, dass die Lehrkraft selbst entscheidet („Philipp, du gibst jetzt Paul etwas ab, und du, Paul, bist still."), entweder weil sie das so gewohnt ist oder weil die Schüler es ihr „übertra-

gen", und sich die Schüler später über die Entscheidung beschweren, kann gar nicht erst vorkommen. Damit ist der Lehrer entlastet und eine Quelle für Streitigkeiten und weitere Konflikte versiegt.

Eine weitere Entlastung der Lehrkraft entsteht durch die Auswirkungen des Klassenrats auf den Unterricht und das gesamte Beziehungsgeflecht. Wenn die Schüler im Klassenrat Respekt und Wertschätzung erfahren, führt das zu einer besseren Beziehung der Beteiligten und zu einer kooperativen Haltung im Unterricht. Disziplinprobleme nehmen ab und das Unterrichten wird einfacher, weil nicht nur Schüler, Lehrer und der Stoff im Klassenzimmer sind, sondern Personen mit ihren Wünschen und Bedürfnissen, Fragen und Ängsten. Durch das **Teilen von Verantwortung** im Klassenrat wird auch deutlich, dass die Lehrkraft nicht allein für das Unterrichtsergebnis und den Lernerfolg des Einzelnen verantwortlich ist. Für den Erfolg des Unterrichts sind eben alle verantwortlich.

Wo sind die Grenzen des Klassenrats?

Der Klassenrat ist ein Instrument, das ein lernförderliches Klima und guten Unterricht fördert, zur Gewaltprävention beiträgt, die Kompetenzen der Schüler auf vielfältige Weise vertieft und einübt und den Lehrer auf unterschiedlichen Ebenen entlastet. Dennoch hat auch der Klassenrat seine Grenzen und nicht jedes Anliegen hat dort seinen Platz.

▪ Was der Klassenrat nicht kann

> **Der Klassenrat kann nicht**
>
> ▶ *alle* Schwierigkeiten in Klassen aus dem Weg räumen,
> ▶ tiefgreifende und komplexe Probleme in *kurzer* Zeit lösen,
> ▶ eine *schnelle* Verhaltensänderung bei schwierigen Schülern bewirken,
> ▶ Strafen verhängen,
> ▶ alle Schüler *gleichermaßen* begeistern.

Häufig möchten Lehrkräfte den Klassenrat in ihrer Klasse einführen, weil sie sich davon versprechen, dass mit dem Klassenrat nun **alle Schwierigkeiten** gelöst sind. Aber der Klassenrat ist keine Methode, die wie ein Antibiotikum schnelle Heilung verspricht. Je mehr Probleme in einer Klasse bereits vorhanden sind, umso mehr Zeit muss man dem Klassenrat einräumen, bis er eine positive Wirkung entfalten kann. Die Schüler werden zunächst vermuten, dass der Klassenrat wieder nur ein neuer Trick ist, sie zu maßregeln und zu disziplinieren. Es braucht dann einige Zeit (und echtes Wollen von Seiten der Lehrkraft), bis die Schüler Vertrauen in die neue Methode bekommen. Umgekehrt heißt das, dass der Klassenrat besonders erfolgreich präventiv wirkt. In der Grundschule und in neu zusammengesetzten Klassen, dort wo sich neue Strukturen und Muster ausbilden, gibt der Klassenrat die Möglichkeit,

Schwierigkeiten rechtzeitig zu erkennen und gegenzusteuern. Dennoch wird es auch mit Klassenrat keine Klasse ohne Auseinandersetzungen, schwierige Situationen, Konflikte und Probleme geben. Allerdings gibt der Klassenrat Instrumente an die Hand, damit offen und konstruktiv umzugehen.

Manche Themen werden im Klassenrat immer wieder auftauchen und sich einer kurzfristigen Lösung entziehen. Dabei handelt es sich meist um **komplexe Probleme**, die auf mehreren Ebenen stattfinden. Hier hilft es, sich klarzumachen, dass jede einzelne Klasse ein komplexes System ist, das vielfältigen Einflüssen aus anderen Systemen ausgesetzt ist. Neben dem **„Klassensystem"** (Schüler und Lehrkräfte) gibt es bei jedem Schüler (und jeder Lehrkraft) ein **„Familiensystem"**, das auf das System Klasse wirkt. Als drittes System wirkt das **System „Schule"** auf die Klasse, und zwar einerseits als ganz konkretes System dieser Schule (das Lehrerkollegium, die Schulleitung) und als gesamtes (unpersönliches) Schulsystem mit all seinen Einschränkungen und Vorgaben (fehlende Krankheitsvertretungen, Notengebung, Lehrpläne usw.). Und nicht zuletzt hat das **System „Gesellschaft"** Einfluss auf die Klasse. Damit wird klar, dass der Klassenrat, der ja auf der Klassenebene wirkt, nur mittelbar in die anderen Systeme hineinwirken kann. Als Lehrkraft sollte man sich daher davon verabschieden, mit dem Klassenrat (aber auch mit anderen Methoden) im Sinne einer Ursache-Wirkung-Beziehung schnelle Lösungen für komplexe Fragen zu finden. Ein Schüler etwa, der in einer wenig fürsorglichen Familie lebt, dessen Selbstwertgefühl zusätzlich durch schlechte Noten geschwächt und der von den Klassenkameraden abgelehnt wird, wird kaum durch eine einzige Klassenratssitzung sein für die übrigen unakzeptables Verhalten (Schimpfwörter und Beleidigungen) aufgeben. Immerhin gibt der Klassenrat die Möglichkeit, das Problem zu thematisieren, kleine Schritte auf dem Weg zur Lösung zu entwerfen und (kleine) Erfolge positiv zu begleiten. Das kostet Zeit und es bleibt unsicher, ob das große Ziel erreicht wird.

Dennoch ist dieser Weg mit Blick auf den einzelnen Schüler und die Lernchancen für die ganze Klasse Erfolg versprechender als der Weg der üblichen disziplinarischen Maßnahmen.

Ebenso wie komplexe Probleme Zeit und viele kleine Schritte auf dem Weg zur Lösung brauchen, erfolgen **Verhaltensänderungen** bei Schülern, die im Schulalltag gerne als schwierig oder verhaltensauffällig bezeichnet werden, durch den Klassenrat nicht von heute auf morgen. Vorteil des Klassenrats ist es hier, dass der Schüler ein Feedback zu seinem Verhalten auch von den Gleichaltrigen (nicht nur von den Lehrern) bekommt, dass man gemeinsam über Hinter- und Beweggründe nachdenken und den Schüler auf seinem Weg der kleinen Schritte begleiten kann. Im Unterricht bleibt meist nur der Weg der Disziplinierung, ein Weg, der eher selten zum Ziel führt, aber den Schüler auf jeden Fall zusätzlich stigmatisiert oder ihn besonders cool erscheinen lässt. Im Klassenrat hingegen können der Lehrer und die Klassenkameraden dem Schüler gegenüber deutlich zwischen Person und Verhalten unterscheiden und somit die Person stärken (dem Schüler sagen: „Das finden wir gut an dir."), auf der Verhaltensebene aber mit dem Schüler neue Verhaltensvarianten erarbeiten (dabei lernt der Schüler von den Strategien und Lösungsvorschlägen der anderen Schüler) und die Umsetzung positiv begleiten.

Immer wieder kommt es vor, dass die Schüler im Klassenrat **Strafen** wegen eines nicht akzeptablen Verhaltens verhängen wollen („Der muss dann nachsitzen."). Da der Klassenrat aber keine Gerichtsverhandlung ist, können weder Strafen noch Disziplinarmaßnahmen verhängt werden. Sobald der Klassenrat zu einem Disziplinierungsinstrument wird, kann er seine Vorteile für das Klassenklima und guten Unterricht nicht mehr erfüllen. Er wird von den Schülern zunehmend abgelehnt und der Lehrer, der ihn mit dem Ziel von gemeinschaftlichem Entscheiden und Problemlösen eingeführt hat, macht sich selbst unglaubwürdig – eine Entwicklung, die in alle übrigen Bereiche des Umgangs miteinander hineinwirken wird. Deshalb ist es sinnvoll, den Schülern von Anfang an klarzumachen, dass es im Klassenrat nicht darum geht, wer Schuld oder Recht hat, sondern darum, gemeinsam zu planen, bei Schwierigkeiten gemeinsam nach Lösungen zu suchen und die Klassenkameraden, die das eine oder andere Verhalten noch nicht so gut steuern können, dabei zu unterstützen, damit sich alle in der Klasse wohl fühlen und gut lernen können.

Obwohl unserer Erfahrung nach die Schüler den Klassenrat sehr positiv annehmen und die Zeit, die man dem Miteinander und den sozialen Beziehungen widmet, sehr schätzen, gibt es doch auch **Schüler**, die aus den verschiedensten Gründen im Klassenrat **nicht mitmachen** wollen. Da der Klassenrat von der Freiwilligkeit lebt, ist es wichtig, diese Entscheidung ernst zu nehmen. Gemeinsam mit der Klasse kann man dieses Problem besprechen und dafür eine Lösung suchen. In manchen Klassen darf ein Schüler, der sich nicht auf das Gespräch im Klassenrat konzentrieren kann, andere Aufgaben erledigen (Matheaufgaben rechnen, einen Text schreiben o.Ä.). Meist dauert eine solche „Auszeit" nicht sehr lang und der Schüler kehrt zurück, denn nur wer im Kreis anwesend ist, darf auch mitentscheiden. Wer außerhalb des Kreises ist, zeigt, dass er nicht teilnehmen möchte.

▪ Was nicht in den Klassenrat gehört

> **In den Klassenrat gehören nicht**
>
> ▶ Mobbing,
> ▶ Straftaten wie Sachbeschädigung, Körperverletzung, Erpressung, Diebstahl,
> ▶ anonyme Anschuldigungen.

Der Klassenrat befasst sich regelmäßig und verlässlich mit gemeinsamen Anliegen der Klassengemeinschaft und den kleinen alltäglichen Konflikten untereinander. Allerdings findet er seine Grenze dort, wo es um Mobbing, Straftaten oder anonyme Anschuldigungen geht.

Mobbing ist ein komplexes Geschehen, bei dem meist eine Gruppe von Schülern eine einzelne Person auf verschiedenen Ebenen mit physischer und psychischer Gewalt unter massiven Druck setzt. Hier braucht das Mobbingopfer den entschiedenen Schutz der Lehrkraft. Die Täter müssen (möglichst einzeln) konfrontiert und eindeutig zur sofortigen Verhaltensänderung aufgefordert werden. Eine Besprechung der Vorfälle im Klassenrat ist dabei kontraproduktiv und muss im Sinne des Opferschutzes unbedingt unterlassen werden. Allerdings werden im Klassenrat Mobbingfälle oft überhaupt erst sichtbar. Hier muss der Lehrer aufmerksam sein für Signale. Mobbing wird meist dann öffentlich, wenn sich entweder das Opfer selbst oder ein Schüler, der dies beobachtet, der Lehrkraft offenbart. Der Klassenrat schafft ein Klima, in dem es Opfer oder Beobachtende wagen, sich anzuvertrauen. Dies geschieht immer wieder auch verdeckt durch die schriftliche Anmeldung von Themen. Der Lehrer sollte deshalb die Möglichkeit „Mobbing" bei der Sichtung der Fälle im Hinterkopf behalten, ohne jedoch gleich jede Kleinigkeit für Mobbing zu halten. Da nur wenige Lehrkräfte sich kompetent fühlen, bei Mobbing zu intervenieren, ist es zur eigenen Sicherheit hilfreich, sich vor einer Intervention von kompetenten Kollegen/der Schulleitung/dem Schulpsychologen/Beratungslehrern beraten zu lassen.

Ein anderer Themenbereich, der im Klassenrat nicht verhandelt werden kann, ist das Feld von **Straftaten** wie Diebstahl, Sachbeschädigung, Erpressung oder Körperverletzung. Auch bei Straftaten geht es eindeutig um Opferschutz und Wiedergutmachung. Ein Täter, der sich einer Straftat schuldig gemacht hat, muss sowohl mit den rechtlichen als auch mit den disziplinarischen Konsequenzen der Schule konfrontiert werden. Es versteht sich von selbst, dass der Täter im rechtlichen Sinne zunächst eindeutig festgestellt werden muss. In manchen Schulen gibt es Einrichtungen zum Täter-Opfer-Ausgleich, die in diesen Fällen greifen können. Manchmal sind die Grenzen zwischen Straftat und „normalem Gerangel" auch fließend. Dennoch gilt es, rechtzeitig Position zu beziehen und solche Vorfälle aus dem Klassenrat herauszuhalten. Ist eine Straftat in einer Klasse vorgefallen – diese Delikte wühlen die Schüler meist sehr auf – kann der Klassenrat zur Aufarbeitung des Themas im allgemeinen Sinne genutzt werden. Dann kann man über Themen wie Verantwortung für das eigene Tun, Gewissenskonflikte im Zusammenhang mit dem

Melden von Straftaten (Ist das Petzen oder nicht?) oder Empathie mit dem Opfer sprechen. Dadurch schärft sich das moralische Urteilsvermögen und die Empathiefähigkeit der Schüler – beides wichtige Fähigkeiten für das gesamte Leben. Auch hier ist der Lehrer aufgerufen, das Opfer zu schützen und eigene Werte und die der Schule transparent zu machen, damit sie den Schülern als Orientierung dienen können.

> **Beispiel:** *Olaf und Mirko spielen Fußball im Pausenhof. Plötzlich hat Mirko keine Lust mehr zu spielen, nimmt den Ball und läuft davon. Olaf wird ärgerlich, rennt hinter Mirko her, schreit ihn an, er solle den Ball hergeben. Mirko reagiert nicht. Da tritt Olaf zu und Mirkos Arm ist gebrochen.*

Hier kann der Klassenrat nicht über die körperliche Auseinandersetzung zwischen den beiden Jungen befinden. Es ist klar, dass Olaf „Schuld" hat an Mirkos gebrochenem Arm. Wenn Olaf bereits öfter durch Aggressionen dieser Art aufgefallen ist, wird die Schule als Institution reagieren oder Mirkos Eltern werden Strafanzeige wegen Körperverletzung stellen. Was im Klassenrat passieren kann, ist die Aufarbeitung davon, was zu diesem Vorfall geführt hat (Was ist vorher passiert?) und was helfen könnte, solche Vorfälle in Zukunft zu vermeiden.

Neben Mobbing und Straftaten gehören auch **anonym eingebrachte Anschuldigungen** nicht in den Klassenrat. Der Klassenrat lebt davon, dass die Beteiligten miteinander über ein Anliegen reden und gemeinsam eine Lösung finden. Anonym vorgebrachte Anliegen lassen sich nach den Regeln des Klassenrats daher nicht behandeln. Dennoch sollte der Lehrer anonyme Anliegen nicht einfach ignorieren. Vielleicht verbirgt sich dahinter ein Mobbingfall, bei dem das Opfer oder ein anderer Schüler sich nicht trauen, den Lehrer direkt anzusprechen, und deshalb auf diese Weise versuchten, auf sich aufmerksam zu machen. Hier sollte ein klares Gesprächsangebot im geschützten Rahmen gemacht werden.

„So nicht!"

Der Klassenrat

Klassenrat in der Grundschule: ein Konzeptvorschlag

Der Klassenrat ist ein Instrument, das sowohl in der Grundschule wie in der weiterführenden Schule eingesetzt werden kann. Um aber nicht in die Projektfalle zu treten (s. Kap. 3 „Vorsicht: Nicht in Fallen tappen!") und damit der Klassenrat seine positive Wirkung auch langfristig entfalten kann, empfiehlt es sich, den Klassenrat im Schulprogramm zu verankern und eine auf die Schule abgestimmte Konzeption zu entwickeln. Das folgende Konzept ist ein Vorschlag, der je nach Bedarf modifiziert werden kann und soll. Unabhängig von einem Gesamtkonzept kann aber auch jeder einzelne Lehrer den Klassenrat in seiner Klasse einführen und erfolgreich damit arbeiten.

▨ Vorüberlegungen und -entscheidungen

Die Schule entscheidet sich, den Klassenrat in allen Klassen einzuführen, um einen Schwerpunkt auf soziales Lernen, Gewaltprävention oder demokratische Schulkultur zu legen. Im Schulprogramm steht:

> **Beispiel:** *Durch den Klassenrat fördert die XXX-Schule ein positives Klassenklima und eine gute Lernatmosphäre. Die Schüler lernen, ihre Sach- und Beziehungsprobleme gewaltfrei, konstruktiv und zunehmend eigenständig zu lösen. Deshalb führt der Klassenlehrer den Klassenrat verlässlich einmal pro Woche in einer Schulstunde mit seiner Klasse durch.*

Da der Klassenrat eine feste Einrichtung sein soll, muss innerhalb der Schulorganisation geklärt werden, ob die Lehrkräfte eine zusätzliche Stunde zur Verfügung gestellt bekommen oder ob sie die Stunde aus ihrem Stundenkontingent bestreiten. Darüber hinaus sollte über die Fragen nachgedacht werden, welche Fortbildung das Kollegium/die durchführenden Lehrkräfte ggf. noch brauchen und wie die innerschulische Begleitung und Evaluation gesichert werden können. Es empfiehlt sich, die Eltern über die Ziele und Methoden des Klassenrats umfassend und regelmäßig zu informieren.

Umsetzung:

Klasse 1–4: Jede Klasse entscheidet zu Schuljahresbeginn, wann die Klassenratsstunde verbindlich durchgeführt wird.

Klasse 1: Anbahnen des Klassenrats

▶ **Stuhlkreis** als Ritual
  - Kreis stellen üben (z.B. Wer stellt wann wo seinen Stuhl hin?)
  - evtl. feste Sitzordnung im Kreis vereinbaren

▶ **Redegegenstand** als Ritual
  - sich melden üben
  - den Gegenstand weitergeben üben

▶ **Positive Runde** mit Weitergabe des Redegegenstandes

▶ **Regeln**
  - sich auf Regeln einigen
  - Regeln formulieren und visualisieren (durch Piktogramme oder Bilder)
  - Regeln einhalten

▶ **Übungen** zur Selbst- und Fremdwahrnehmung, zur Verbesserung der Konzentration, zum Reden und Zuhören und zur Stärkung des Selbstbewusstseins

---

Die **1. Klasse** dient auch dazu, die Kinder an die Abläufe des Schulalltags zu gewöhnen und ihnen durch Rituale Halt und Sicherheit zu geben. Bereits hier sollte man die Grundlagen für den Klassenrat legen (Regeln, Stellen des Stuhlkreises, Sprechen und Zuhören, Redegegenstand). Zu Beginn der 1. Klasse kann der Klassenrat als Erzählkreis genutzt werden. Im Erzählkreis merkt der Lehrer bald, wie es um die Konzentrationsfähigkeit, die Fähigkeit zur Regeleinhaltung und die Rede- und Zuhörfähigkeiten der Schüler bestellt ist. Dementsprechend kann der Lehrer vorbereitende Übungen für den Klassenrat durchführen (s. dazu Kap. 5).

Dieser Konzeptionsvorschlag führt den Klassenrat vollständig erst in Klasse 2 ein, weil viele Lehrkräfte der Grundschule einwenden, dass es in Klasse 1 noch zu früh für den Klassenrat sei. Unserer Erfahrung nach ist es durchaus möglich, den Klassenrat schon in Klasse 1 komplett einzuführen. Nach und nach können dann die einzelnen Elemente zusammen mit Piktogrammen hinzukommen. Da Erstklässler oft noch nicht über eine ganze Stunde konzentriert bei der Konfliktlösung dabeibleiben, kann man bei Konflikten zunächst eine **verkürzte Form der Moderation** mit folgenden Schritten verwenden:

▶ Jede Konfliktseite schildert das Problem aus ihrer Sicht und wird dabei nicht unterbrochen (Lehrkraft hört einfühlend zu; kein moralischer Zeigefinger, Abwerten oder Bloßstellen)
▶ Fragen der Klasse und/oder der Lehrkraft
▶ Gemeinsame Lösungssuche

Die Klassenratsversammlung kann sich neben **Konflikten** auch mit der Verteilung der Dienste und der Besprechung der Termine, die in der Woche anstehen, befassen (vgl. dazu auch R. Stähling, 2003). R. Stähling ist Rektor einer westfälischen Grundschule. Dort wird der Klassenrat bereits seit fünf Jahren in allen Klassen seiner Schule durchgeführt. Die Ergebnisse sind vielversprechend.

Klasse 2: Einführung des Klassenrats mit allen Elementen

▶ **Schriftliche Anmeldung** der Anliegen (Zettel schreiben oder Bild malen)
▶ **Durchführen der Schritte des Klassenrats** (Piktogramme), vereinfachte Form der **Konfliktmoderation**
▶ **Protokollführung** durch die Lehrkraft

Darüber hinaus kann die Klassenratsstunde wie in der 1. Klasse genutzt werden, um Übungen zum sozialen Lernen durchzuführen, um die Fähigkeiten im Bereich Selbst- und Fremdwahrnehmung, Konzentration, Gefühle usw. weiter zu verbessern. Auch die Besprechung der anstehenden Termine und die Verteilung der Zuständigkeiten können Teil des Klassenrats sein.

Klasse 3 + 4: Vollständige Durchführung aller Teile des Klassenrats

▶ **Klassenratsbuch** oder andere Methode zum Sammeln der Anliegen
▶ **Konfliktmoderation** zunehmend mit Blick auf Konflikterhellung und Einfühlen in den anderen
▶ **Protokollführung und andere Ämter** (z.B. Rednerliste führen, auf Zeit achten) können je nach Klasse nach und nach an Schüler abgegeben werden
▶ **Heranführen der Schüler an Leitungselemente** (Eröffnen und Schließen der Sitzung, Anleiten der positiven Runde usw.)
▶ Beteiligung der Schüler an **planerischen Fragen**
▶ **Weiterführung der Besprechung** von Terminen und Diensten, wenn nötig

---

Auch in Klasse 3 und 4 kann man immer wieder unterstützende Übungen zum sozialen Lernen einfügen. Da die Schüler jetzt auch immer mehr auf einer Metaebene verstehend lernen, bieten sich als Weiterführung von Klasse 1+2 insbesondere Übungen zur Gesprächsführung und Konfliktlösung (s. Kap. 5) an.

Achtung:
Sollte es einmal keine Anliegen der Schüler im Klassenrat geben, darf der Klassenrat keinesfalls ausfallen. Die Stunde soll dann für Übungen zum sozialen Lernen oder zur Klärung organisatorischer Fragen oder für Spiele zur Verbesserung der Klassengemeinschaft genutzt werden.

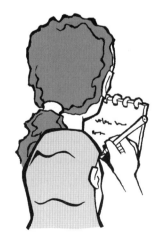

Klassenrat in der Sekundarstufe I:
ein Konzeptvorschlag

Wenn sich zu Beginn von Klasse 5 eine neue Lern- und Arbeitsgruppe zusammensetzt, ist dies ein idealer Zeitpunkt, um den Klassenrat in der Sekundarstufe einzuführen. Jetzt bilden sich **neue Muster für den Umgang miteinander** aus, die häufig sehr stabil bleiben. In einer neuen Klasse kann der Klassenrat zu diesen günstigen Bedingungen für prosoziales Verhalten beitragen. Es entwickelt sich leichter eine Klassengemeinschaft, in der sich Schüler und Lehrkräfte wohl fühlen. Durch das Aufeinandertreffen von Schülern mit ganz unterschiedlichen Voraussetzungen ergeben sich gerade zu Beginn von Klasse 5 viele Auseinandersetzungen. Wenn die Schüler in dieser Phase im Klassenrat erleben, dass sie mit ihren Anliegen ernst genommen werden, dass die Konflikte als Lernchance begriffen und konstruktiv und friedlich gelöst werden, dann wirkt das auf vielen Ebenen der Schule weiter. Wir haben Klassen begleitet, die in Klasse 5+6 regelmäßig und konstruktiv Klassenrat gehalten haben und deren Klassengemeinschaft bis in die 10. Klasse der Realschule überdurchschnittlich gut war, die sich für die Schule engagiert haben und Konflikte auch ohne den Klassenrat selbstständig lösen konnten.

▨ Vorüberlegungen und -entscheidungen

Die Schule entscheidet sich, den Klassenrat in allen Klassen einzuführen, um einen Schwerpunkt auf soziales Lernen, Gewaltprävention oder demokratische Schulkultur zu legen. Sie legt im Rahmen des Schulprogramms (eventuell anhand des Leitbildes) die konkrete Zielsetzung fest.

Beispiel: Durch den Klassenrat fördert die XXX-Schule ein positives Klassenklima und eine gute Lernatmosphäre. Die Schüler lernen, ihre Sach- und Beziehungsprobleme gewaltfrei, konstruktiv und zunehmend eigenständig zu lösen. Deshalb führt der Klassenlehrer den Klassenrat verlässlich einmal pro Woche in einer Schulstunde mit seiner Klasse durch.

Da der Klassenrat eine feste Einrichtung sein soll, muss innerhalb der Schulorganisation geklärt werden, ob die Lehrkräfte eine zusätzliche Stunde zur Verfügung gestellt bekommen oder ob sie die Stunde aus ihrem Stundenkontingent bestreiten. Darüber hinaus sollte über die Fragen nachgedacht werden, welche Fortbildung das Kollegium/die durchführenden Lehrkräfte ggf. noch brauchen und wie die innerschulische Begleitung und Evaluation gesichert werden können. Es empfiehlt sich, die Eltern über die Ziele und Methoden des Klassenrats umfassend und regelmäßig zu informieren.

Umsetzung:

Jede Klasse entscheidet zu Schuljahresbeginn, wann die Klassenratsstunde verbindlich durchgeführt wird.

Klasse 5: Einführen des Klassenrats

▶ **Kennenlernen der Rituale und Schritte** des Klassenrats (Stuhlkreis einüben, Redegegenstand benutzen, Regeln erarbeiten und visualisieren). (Siehe dazu auch Kap. 3 „Einführung des Klassenrats")
▶ **Durchführung und Leitung** beim Klassenlehrer
▶ **Unterstützende Einheiten** insbesondere in den Bereichen Wahrnehmung, Gefühle, klare Kommunikation, Schritte der Konfliktmoderation

Klasse 6: Klassenrat in Schülerhand

▶ **Ausbildung von Klassenratsmoderatoren** (s. Kap. 4 „Schüler leiten den Klassenrat")
▶ **Leitung** des Klassenrats durch die Moderatoren

Klasse 7–10: Fortführung des Klassenrats

▶ Moderatoren können sich zum **Streitschlichter** weiterqualifizieren
▶ **Themen** zunehmend im Bereich Planung und Durchführung von Unterricht, Klassenorganisation und Feedback zu schulischen Fragen

In der **7. oder 8. Klasse** kommt gelegentlich das Gefühl auf, dass der Klassenrat sich irgendwie totläuft. Es gibt weniger Anliegen, die vorgebracht werden, und die Schüler zeigen sich manchmal verschlossener. Dann kann man den Klassenrat zunehmend nutzen, um planerische und organisatorische Fragen zu besprechen. Ein offener Austausch und ernst gemeintes Feedback über den Unterricht und das schulische Umfeld entwickeln die demokratische Kultur einer Schule und erleichtern das Miteinander im Fachunterricht. Die meisten Schulen wollen, dass ihre Schüler einmal kritische, selbstständig denkende und eigenverantwortliche Bürgerinnen und Bürger werden. Hier kann der Klassenrat einen wichtigen Beitrag zum Entwickeln von Kritikfähigkeit, Denkfähigkeit und Eigenverantwortung sein. Auch in diesem Bereich wird der Lehrer Vorbild sein, sich und seinen Unterricht in Frage stellen lassen, die Schüler zum Nachfragen ermuntern und zuverlässig Aufgaben übertragen und selbst übernehmen. Wenn der Schule keine zusätzlichen Stunden zur Verfügung stehen und die Lehrkräfte die Klassenratsstunde nicht dauerhaft aus ihren Fachunterrichtsstunden nehmen möchten, muss sich die Schule u.U. entscheiden, in welchen Klassenstufen der Klassenrat durchgeführt wird. Aus den oben beschriebenen Gründen empfehlen wir, den Klassenrat dann vorrangig in Klasse 5 + 6 durchzuführen.

Klassenrat:
Wie geht das?

Wie man den vorangegangenen Kapiteln entnehmen konnte, ist der Klassenrat nicht etwas, was man mal eben so, nebenbei in einer Klasse oder einer Schule einführt. Es bedarf zahlreicher **Vorüberlegungen und Voraussetzungen**, die geschaffen werden müssen. Dass sich diese Vorarbeit aber durchaus lohnt, wurde in Kap. 2 ausführlich erläutert. Im Folgenden wird nun **Schritt für Schritt** erklärt, wie genau der Klassenrat funktioniert und wie man ihn einführen kann.

Vorüberlegungen

▨ Klassenratsstunde

Wenn Sie den Klassenrat in Ihrer Klasse einführen möchten, sollte sichergestellt sein, dass der Klassenrat regelmäßig (z.B. einmal in der Woche) stattfinden kann. Dabei eignet sich jede Stunde, die Sie selbst guten Gewissens anbieten können. Die Erfahrung hat gezeigt, dass die 1. Stunde am Montag weniger geeignet ist, da die Ereignisse des Wochenendes die Dinge der vergangenen Schulwoche überlagern. Auch die letzte Stunde ist je nach Klasse manchmal schwierig. **Wenn Sie sich für eine Stunde entschieden haben, ist es wichtig, dass der Klassenrat dort immer wie vereinbart durchgeführt wird.** Die Schüler verlassen sich darauf. Wenn die Lehrkraft die Klassenratsstunde kurzfristig für Fachunterricht verwendet, erfahren die Schüler, dass der Lehrer nicht verlässlich ist, und werden sich auch auf die „Einrichtung Klassenrat" nicht mehr verlassen. Damit geht der große Vorteil, dass Konflikte nicht sofort bearbeitet werden müssen, sondern auf die Klassenratssitzung verschoben werden können, verloren.

▨ Redegegenstand

Im Klassenrat müssen die Gesprächsregeln unbedingt eingehalten werden. Das bedeutet, dass immer nur einer reden kann. Zur Unterstützung dieser Regel empfiehlt es sich, einen Redegegenstand einzuführen. Nur wer diesen Gegenstand in der Hand

hält, darf reden. Die Schüler reichen sich den Gegenstand gegenseitig weiter. Gut geeignet ist ein kleines Stofftier (z.B. Igel), ein weicher, rundlicher Gegenstand oder ein so genannter **„Wuschel"** (s. Abb.). Verwendet man einen weichen Ball, hat man u.U. mit dem Fußballeifer der Schüler zu kämpfen.

▨ Stuhlkreis

Beim Klassenrat sitzen die Schüler gemeinsam mit dem Klassenlehrer im Stuhlkreis. Je nach Klassenzimmergröße und Sitzordnung ist ein Stuhlkreis manchmal mit Umbauarbeiten verbunden. Wenn Sie den Klassenrat einführen, ist es hilfreich, mit den Schülern das Stuhlkreisstellen einzuüben, und zwar Schritt für Schritt und **Stuhl für Stuhl**. Jeder weiß dann bald, was zu tun ist, und der Stuhlkreis steht bereits, wenn Sie in die Klasse kommen. Das spart viel Zeit, die man in der Regel für die eigentliche Sitzung gut gebrauchen kann.

▨ Sammeln der Anliegen

Da der Klassenrat in der Regel „nur" einmal pro Woche stattfindet, empfiehlt es sich, die Anliegen, die die Schüler oder Lehrer in den Klassenrat einbringen wollen, irgendwie und irgendwo zu sammeln. Es gibt verschiedene Möglichkeiten:

▶ **Klassenratsbuch**
In diesem Buch (z.B. eine dicke Kladde), für das ein fester Platz im Klassenzimmer gesucht werden muss, können die Anliegen unter Angabe von Datum und Name der einbringenden Person eingetragen werden.

Beispiel: 13.4.05, Friederike: Mich stört, dass Paul mir meinen Stift wegnimmt, ohne zu fragen. Im Anschluss an die Anliegen kann dann gleich das Protokoll der Klassenratssitzung angefügt werden.

Vorteil: Man merkt gleich, wenn Seiten fehlen.

Nachteil: Es ist manchmal schwierig, „alte Anliegen", die nicht besprochen werden konnten, im Blick zu behalten.

▶ Klassenratsringbuch

Auch hier muss ein fester Platz gesucht werden. Außerdem müssen genügend passende Blätter zur Verfügung gestellt werden.

Vorteil: Man kann das Protokoll als Formblatt vorbereiten (s. Kopiervorlage K1a und K1b im Anhang) und direkt hinter die besprochenen Anliegen heften. Alte Anliegen können „mitgenommen" werden.

Nachteil: Blätter könnten unbemerkt entfernt werden. Dagegen hilft das Nummerieren der Blätter.

▶ Klassenratsbriefkasten

In manchen Klassen gibt es bereits einen „Kummerkasten", den man zum Klassenratskasten weiterentwickeln kann. Dann können die Anliegen „formlos" auf ein Blatt Papier geschrieben und eingeworfen werden. Die Lehrkraft leert den Kasten vor jeder Sitzung (s. auch „Vorbereitung der Sitzung").

Vorteil: Die Anliegen können von anderen Schülern nicht eingesehen werden.

Nachteil: Wenn es noch keinen Kasten gibt, ist das Besorgen oder Herstellen etwas aufwändiger als die Beschaffung eines Buches. Der Briefkasten wird u.U. als „Müllkasten" benutzt.

▶ Klassenratswand

Die Anliegen können auch offen an eine Pinnwand geheftet werden.

Vorteil: Jeder kann sich schon vorher über die Themen informieren.

Nachteil: Der Lehrer kann nicht vorsortieren. Außerdem können einzelne Zettel einfach entfernt werden.

Unserer Erfahrung nach entscheiden sich die Schüler meist gegen diese Möglichkeit, da sie ihre Anliegen nicht schon Tage vorher öffentlich machen wollen.

▶ Fragerunde zu Beginn

Es ist auch möglich, die Anliegen ad hoc in der Klassenratssitzung zu sammeln. Dazu fragt man, welche Dinge wichtig sind, und sammelt gemeinsam mit allen Beteiligten.

Vorteil: Es wird nur wirklich Wichtiges eingebracht.

Nachteil: Manchen Schülern fällt es schwer, sich ihre Anliegen länger zu merken. Deshalb geht länger Zurückliegendes eher verloren. Die Schüler sind dann oft unzufrieden, weil ihnen ihr Anliegen erst später wieder einfällt, wenn der Klassenrat gerade vorbei ist.

Sicherlich gibt es darüber hinaus auch noch andere Ideen. Es empfiehlt sich, mit den Schülern bei der Einführung des Klassenrats (s. u.) zu besprechen, welche Möglichkeit man in der Klasse ausprobieren will.

Wichtig:
Wer ein Anliegen einbringt, muss dabei immer seinen Namen angeben. Anonyme Anliegen können im Klassenrat nicht behandelt werden, da im Klassenrat alle Beteiligten gehört werden.

▮ Leitung des Klassenrats

In der Regel wird man den Klassenrat so beginnen, dass die **Lehrkraft** die Sitzungen leitet. Damit ermöglicht man den Schülern das Lernen am Modell. Alles, was der Lehrer dazu können sollte, findet sich in Kap. 3. Später kann die Leitung auch von Schülern übernommen werden. Da die Leitung des Klassenrats für die **Schüler** nicht als Last, sondern als Kompetenzerweiterung erfahren werden soll, empfiehlt es sich, die Schüler auf ihre Aufgabe vorzubereiten (s. Kap. 4 „Schüler leiten den Klassenrat"). Wenn nötig und möglich, kann die Lehrkraft (nach und nach) einen Teil ihrer Leitungsaufgaben auch delegieren. So kann jemand die Rednerliste führen oder als Zeitwächter fungieren.

In vielen Klassen hat es sich bewährt, dass die **Beschlüsse vom letzten Mal** sowie die Anliegen von Schülern (reihum? nach Alphabet? immer dieselbe?) vorgelesen werden. Außerdem muss man klären, wie die **Protokollführung** durchgeführt wird. Dabei sind das Alter und die Fähigkeiten der Schüler zu berücksichtigen. Ein Zweitklässler wird das Protokoll vielleicht nicht eigenständig schreiben können. In der 5. Klasse könnte hier hingegen ein zusätzliches Lernfeld entstehen.

FAQs

⊡ Kommt das Buch/der Ordner nicht weg?

Wenn man bei der Einführung des Klassenrats verdeutlicht, dass der Klassenrat die Anliegen der Schüler zum Thema hat, dass dort niemand abgewertet oder bestraft wird, gehen die Schüler in der Regel pfleglich mit dem Buch/Ordner um. Da die Schüler sich ja selbst für das Buch/den Ordner entscheiden, sollte man es auf jeden Fall wie beschlossen ausprobieren. Falls es doch einmal Probleme gibt, können diese als Anliegen im Klassenrat besprochen werden.

⊡ Bestimmt verunstalten die Schüler das Buch oder den Ordner!

Wie in der vorhergehenden Frage bereits verdeutlicht wurde, gehen Schüler, wenn sie sich einmal gemeinsam für das Klassenratsbuch entschieden haben, eigentlich auch sehr pfleglich damit um. Wenn nicht, besprechen Sie das im Klassenrat.

⊡ Was mache ich mit anonymen oder beleidigenden Anliegen?

Anonyme Anliegen werden nicht behandelt. Sollten Sie aber das Gefühl haben, dass das anonyme Anliegen ein Hilferuf ist, können Sie betonen, dass Sie gelesen haben, was da steht (nicht laut vorlesen), und dann warten Sie ab, ob derjenige auf Sie zukommt. Hilfreich ist es, ein konkretes Gesprächsangebot zu unterbreiten („Ich habe gelesen, was hier steht. Derjenige, der es geschrieben hat, könnte mich auch nachher während der Pausenaufsicht/nach der Stunde/am Lehrerzimmer ansprechen."). Bei beleidigenden Anliegen sollten Sie vorab (s. „Vorbereitung der Sitzung") herausfinden, wie das dahinterliegende Anliegen heißt (aktiv zuhören) und demjenigen dann helfen, sein Anliegen neu zu formulieren.

Ablauf und Struktur des Klassenrats

Um Lehrer und Schüler zu entlasten, hat der Klassenrat einen **festen Ablauf**, der immer gleich bleibt. So wissen alle, was der nächste Schritt ist, und derjenige, der die Sitzung leitet, hat einen roten Faden, an dem er sich entlangbewegen und auf den er immer wieder verweisen kann. Eine Übersicht über die Struktur der Klassenratssitzung als Leitfaden für die Leitung finden Sie im Anhang (s. Kopiervorlage K2).

> **Wichtig:**
> Bevor Sie das erste Mal einen Klassenrat durchführen, sollten Sie folgende Dinge entscheiden:
> ▶ **In welcher Stunde wird der Klassenrat von nun an regelmäßig stattfinden?**
> ▶ **Wie wird der Stuhlkreis gestellt?**
> ▶ **Wie und wo sammeln wir die Anliegen?**
> ▶ **Wer übernimmt welche Leitungsfunktionen?**

Und dann kann's losgehen: Jeder Klassenrat läuft in den folgenden Schritten ab:

> **Ablauf der Klassenratssitzung:**
> **0.** Vorbereitung der Klassenratssitzung
> **1.** Eröffnung der Sitzung und Positive Runde
> **2.** Überprüfung und Rückmeldung zu den Beschlüssen
> **3.** Abfrage der zu klärenden Anliegen/ Probleme
> **4.** Besprechung des Anliegens/Problems
> **5.** Lösungssuche und Vereinbarung
> **6.** Protokoll und Schließen der Sitzung

0. Vorbereitung der Klassenratssitzung

Zur Vorbereitung des Klassenrats sollte der Lehrer die angemeldeten **Themen** prüfen: Sind alle mit einem Namen versehen? Gibt es Themen, die nicht in den Klassenrat gehören (s. Kap. 2 „Grenzen des Klassenrats")? Außerdem muss entschieden werden, wer die **Beschlüsse** und die **Anliegen** verliest und wer das **Protokoll** führt. Wenn Schüler den Klassenrat leiten, muss entschieden werden, wer dran ist.

1. Eröffnung der Sitzung und Positive Runde

Der Leitende begrüßt die Anwesenden und erinnert noch einmal an die Regeln. Die **Regeln** sollten mit den Schülern bei der Einführung des Klassenrats (s. ebenda) ausführlich besprochen und möglichst visualisiert werden (Plakat im Klassenzimmer). Die folgenden Regeln haben sich bewährt:

1. Ich rede nur, wenn ich ... (den Rede-gegenstand) habe.

2. Ich höre zu, wenn ein anderer spricht.

3. Ich melde mich, wenn ich etwas sagen möchte.

4. Ich rede von mir, nicht über andere (d.h. Beleidigungen sind verboten).

Danach folgt die **Positive Runde.** Dabei wird in Form des Blitzlichts über etwas Positives, das jeder Einzelne erlebt oder empfunden hat, berichtet. Dazu gibt der Leiter das Redeutensil an seinen rechten oder linken Nachbarn und stellt dabei eine Impulsfrage, die der Schüler in *einem* Satz beantworten soll. Wenn der erste Schüler fertig ist, gibt er den Redegegenstand an den Nachbarn weiter, bis alle (auch der Lehrer) dran waren.

Da im Klassenrat oft auch unangenehme Dinge zur Sprache kommen, zielt die Positive Runde darauf ab, eine **positive Grundstimmung** zu schaffen. Sie lenkt den Blick auf die Dinge, die in der Klassengemeinschaft, im Unterricht oder allgemein gut laufen. Leider geht das im Schulalltag manchmal verloren,

obwohl gerade das, was gelingt, viel Motivation und Bestärkung gibt. Darüber hinaus gibt die Positive Runde jedem Raum, etwas zu sagen. So lernen auch die Stilleren, dass ihr Beitrag wichtig ist. An der Positiven Runde nimmt auch der Lehrer teil.

Mögliche Fragen sind:

▶ Was ist mir heute/im Unterricht/in der letzten Woche gelungen?

▶ Was hat mir heute/gestern/am Wochenende/ im Unterricht/in den Ferien gut gefallen?

▶ Was hat mir heute/diese Woche gut getan (im Unterricht, zu Hause, beim Ausflug)?

▶ Was gefällt mir an meiner Schule? An meinen Mitschülern? An meinen Lehrern?

FAQs

➡ **Was mache ich, wenn jemand in der Positiven Runde nichts sagen will?**

Grundsätzlich gilt im Klassenrat das Prinzip der Freiwilligkeit, d.h. es sollte niemand gezwungen werden, etwas zu sagen. Der Schüler gibt dann den Redegegenstand einfach an den Nachbarn weiter. Da der Klassenrat aber auch die mündliche Kommunikation einübt, ist gerade die Positive Runde eine gute Gelegenheit, jeden zu einem Beitrag zu ermuntern. Manchmal reicht es schon, den Schüler zu bestärken, dass es bestimmt etwas gebe, was ihm gefallen hat („Ich bin mir sicher, dass es etwas gibt, das dir heute schon gefallen hat."), oder etwas Zeit zu geben („Möchtest du noch etwas überlegen? Du kommst dann am Ende der Runde noch einmal dran. Ist das okay?"). Bei anderen ist es hilfreich, ein paar Angebote zu machen oder den besten Freund ein paar Ideen nennen zu lassen („Was denkst du, was X heute schon gefallen haben könnte?"). Wichtig ist, dass der schweigende Schüler dann selbst noch einmal wiederholt, was er gut fand, und dass er nicht nur einfach nickt.

➡ **Was mache ich, wenn jeder nur das Gleiche sagt?**

Es gibt immer wieder Schüler, die schnell die Aussage des Vorherigen wiederholen und dann den Redegegenstand ganz schnell weitergeben. Wenn das häufig vorkommt, beginne ich die Positive Runde mit dem Hinweis „Ich möchte heute gern von jedem etwas anderes hören. Deshalb sagt heute mal jeder etwas anderes als sein Nebenmann."

2. Überprüfung und Rückmeldung zu den Beschlüssen

Bevor man sich mit den neuen Anliegen beschäftigt, geht der Blick zurück auf die Beschlüsse und Lösungen der vergangenen Woche. Dazu werden die **Protokolleinträge der letzten Sitzung** vorgelesen. Der Leiter fragt dann zuerst die Betroffenen und dann ggf. die übrige Klasse „Hat es geklappt mit der Lösung/Vereinbarung?". Wenn die Betroffenen zufrieden sind, werden sie gefragt, ob sie die Lösung/Vereinbarung weiter durchführen wollen. Dies ist in der Regel der Fall, da es ja kein neues Problem damit gibt. Sollten die Beteiligten mit der ausgehandelten Lösung der letzten Sitzung nicht (mehr) zufrieden sein, wird das Problem auf die Liste der zu klärenden Anliegen gesetzt und erneut besprochen.

3. Abfrage der zu klärenden Anliegen/ Probleme

Jetzt werden die aktuellen Probleme oder Anliegen aus dem Klassenratsbuch (von der Wand, aus dem Briefkasten o.Ä.) vorgelesen oder, wenn die Anliegen nicht vorher gesammelt werden, mündlich zusammengetragen. Auch die nicht zufriedenstellend gelösten Anliegen aus dem letzten Klassenrat werden hinzugefügt. Bei sehr vielen Anliegen empfiehlt es sich, diese mit einem Stichwort und/oder dem Namen des Anmeldenden an der Tafel zu notieren. Dann fragt die Sitzungsleitung die einzelnen Schüler, die ein Anliegen eingebracht haben, der Reihe nach, ob sie ihr Problem/Anliegen noch besprechen wollen oder ob es sich erledigt hat. Die Anliegen, die sich erledigt haben, werden gleich gestrichen. Immer wieder erledigen sich Anliegen bis zum Klassenratstermin, weil die Beteiligten ihr Problem schon **selbst gelöst** haben oder es einfach verschwunden ist. Diese Erfahrung ist für Schüler wie Lehrkraft gleichermaßen wichtig. Die Schüler merken, dass sie viele Dinge auch selbst in die Hand nehmen können. Der Lehrer merkt, dass die Schüler in der Lage sind, ihre Anliegen selbst zu lösen, und er gar nicht die Lösung finden muss.

Tipp:
Ermutigen Sie die Schüler, für sich selbst zu sorgen und ihre eigenen Anliegen, aber nicht die von anderen im Klassenrat einzubringen.

FAQs

⇥ **Was tue ich, wenn ein Schüler ein Anliegen einbringt, an dem er gar nicht selbst beteiligt ist?**

Immer wieder gibt es „soziale" Schüler, die Konflikte lösen wollen, die nicht ihre eigenen sind.

Beispiel: *Paul bringt ein: „Ich finde es gemein, wenn Susanne den Marcel nicht beim Fangen mitmachen lässt." Dann sollte Paul für seine Aufmerksamkeit den Mitschülern gegenüber Wertschätzung erfahren. Das Anliegen sollte aber nur besprochen werden, wenn auch Susanne und Marcel damit ein Problem haben und es besprechen wollen. Die Beteiligten müssen ausdrücklich gefragt werden und ihr Einverständnis zur Besprechung geben.*

Sobald klar ist, welche Anliegen heute besprochen werden, wird die Zustimmung von allen Beteiligten eingeholt. Ein Anliegen kann nur besprochen werden, wenn alle Beteiligten mit der Besprechung einverstanden sind (**Prinzip der Freiwilligkeit**). In der Regel stimmen die Beteiligten einer Besprechung im Klassenrat gerne zu, da sie wissen, dass so eine für alle akzeptable Lösung gefunden werden kann. Wenn der Besprechung von nur einem Beteiligten nicht zugestimmt wird, wird das Anliegen von der Liste der zu besprechenden Anliegen heruntergenommen und muss anders behandelt werden. Die Lehrkraft sollte dann **Ursachenforschung** betreiben und sich zunächst selbst fragen:

▶ Stimmt die **Atmosphäre** im Klassenrat? Kann jeder Schüler davon ausgehen, dass er fair behandelt wird, dass er trotz eines vielleicht nicht akzeptablen Verhaltens als Person wertgeschätzt und angenommen wird? Kann jeder Schüler davon ausgehen, dass er im Klassenrat Unterstützung für seine Veränderungsbereitschaft bekommt und nicht mit Strafen rechnen muss?

▶ Gibt es etwas (z.B. familiäre **Probleme**, Probleme mit einem Kollegen, Mobbing etc.) bei dem ablehnenden Schüler, das nahelegt, dass er in eine ihm peinliche Situation gerät?

▶ Eignet sich das **Anliegen für den Klassenrat** (s. Kap. 2 „Grenzen des Klassenrats")? Wenn sich das Anliegen nicht für den Klassenrat eignet, sollten Sie den Schüler, der das Anliegen eingebracht hat, darüber informieren und

Der Klassenrat

verdeutlichen, wie Sie weiter damit umgehen werden. Dabei sollten Sie darauf achten, dass einzelne Schüler nicht stigmatisiert oder in Außenseiter/Mobbingpositionen gedrängt werden. Auch öffentliches Loben für seinen Mut kann einen Schüler in unangenehme Lagen bringen.

Hilfreich bei Anliegen, deren Besprechung im Klassenrat abgelehnt wird, sind **Einzelgespräche**, um herauszufinden, was dahintersteckt. In manchen Klassen ist das Einzelgespräch für die Schüler allerdings identisch mit einer zu erwartenden Strafpredigt. Machen Sie also am besten von Anfang an klar, dass Sie das Einzelgespräch immer wieder als wichtiges Mittel der Kontaktaufnahme und Beziehungspflege nutzen werden, ohne dass es dafür einen „strafwürdigen" oder problemorientierten Anlass gibt. So merken die Schüler, dass Sie sie als Person ernst nehmen. Und sollte es dann tatsächlich einen wie auch immer gearteten Anlass geben, sind alle in der Klasse mit einer offenen Gesprächsführung im Einzelgespräch bereits vertraut.

Wenn dann klar ist, welche Anliegen besprochen werden sollen, muss die **Reihenfolge der Besprechung** gemeinsam festgelegt werden. Die einfachste und schnellste Art, eine Reihenfolge festzulegen, ist die Abstimmung. Jeder (auch die Lehrkraft) hat dabei eine Stimme, die er für das Anliegen geben sollte, das ihm am wichtigsten ist. So entsteht schnell eine Rangliste, die dann der Reihe nach abgearbeitet wird.

4. Besprechung des Anliegens/Problems

Jetzt wird das erste Anliegen besprochen. Handelt es sich um die Planung einer gemeinsamen Aktivität oder eines Anliegens, das **keinen Konfliktstoff** bietet, kann der Klassenrat unter Einhaltung der Regeln zu einer Vereinbarung kommen, die dann gleich im Protokollbuch notiert wird. Häufig wird es sich allerdings um einen **Konflikt** zwischen zwei oder mehreren Beteiligten handeln. Dann sollte man als Grundlage des Vorgehens die Schritte der Konfliktmoderation durchlaufen, die im Wesentlichen den Schritten der Streitschlichtung entsprechen, aber für den Klassenrat etwas modifiziert sind (s. Kap. 3 „Voraussetzungen bei den Schülern"). Zunächst stellen die am Konflikt beteiligten Parteien das Problem je aus ihrer Sicht dar. Dabei ist es wichtig, dass jede Seite ausreden kann, ohne unterbrochen zu werden. Die andere Seite hört zu.

Beleidigungen, Abwertungen oder Zurückweisungen („Das stimmt gar nicht. Der lügt.") sind nicht erlaubt.

In dieser Phase geht es darum zu klären:

▶ Worin genau besteht das Problem/der Konflikt?
▶ Wer hat das Problem?
▶ Wie sieht das Problem von verschiedenen Seiten aus?
▶ Wie geht es den einzelnen Beteiligten? (Gefühle aussprechen, in den anderen einfühlen)
▶ Was woll(t)en die Beteiligten erreichen?

Eine ausführliche Beschreibung der **Konfliktmoderation** im Klassenrat mit detaillierten Hinweisen und Tipps findet sich in Kap. 3. Eine kurze Zusammenfassung der einzelnen Schritte, die man als Leitfaden mit in den Klassenrat nehmen kann, finden Sie im Anhang (s. Kopiervorlage K3).

Die Phase der Besprechung des Problems ist sehr wichtig, damit hinterher eine für alle akzeptable Lösung gefunden werden kann. Erfahrungsgemäß nimmt sie auch die meiste Zeit ein. Hier entscheidet sich auch, ob die Schüler sich mit ihren Anliegen ernst genommen fühlen.

FAQs

▶ **Meine Schüler bringen nur unwichtige Probleme in den Klassenrat. Soll ich die alle besprechen?**

Ja! Es gibt keine unwichtigen Probleme der Schüler. Für denjenigen, der ein Problem oder Anliegen hat, ist das wichtig und bedeutsam. Auch Schwierigkeiten, die wir als Erwachsene vielleicht als nebensächlich betrachten, können einen Schüler erheblich belasten. Da der Klassenrat der Ort ist, an dem die für jeden wichtigen Sachen besprochen werden können, darf es auch keine „Zensur" bezüglich der Wichtigkeit durch die Lehrkraft geben. Für wie wichtig halten Ihre Schüler die Hausaufgaben? Und wie wichtig finden Sie sie? Darüber hinaus lässt sich an scheinbar „unwichtigen" Anliegen gut der Ablauf trainieren, sodass die Klassengemeinschaft gut für die „wichtigen" Probleme gerüstet ist (s. auch Kap. 3 „Selektionsfalle").

5. Lösungssuche und Vereinbarung

Wenn klar ist, wie der Konflikt gelagert ist, wie es den Beteiligten dabei geht, welche Absichten verfolgt und welche Bedürfnisse dahinterstecken, kann die ganze Klasse an die Lösungssuche gehen. Dazu lädt der Klassenratsleiter alle ein, in Form eines Brainstormings **Lösungsvorschläge** zu nennen. Diese werden kommentarlos auf Karten notiert oder vom Protokollanten aufgeschrieben. Karten haben den Vorteil, dass das anschließende Sortieren und Bewerten einfacher geht. Beim Brainstorming sind alle (auch unrealistische oder verrückte) Lösungen willkommen. Das heißt, die Vorschläge werden nicht bewertet oder als unrealistisch bezeichnet. Aussagen wie „Das ist aber ein blöde Idee!" oder „Das funktioniert doch nie!" sind in der Phase der Lösungssuche nicht erlaubt.

Erst wenn keine Vorschläge mehr kommen, werden die einzelnen **Vorschläge sortiert und bewertet**. Alle Vorschläge, die nicht durchführbar sind oder von einer Seite abgelehnt werden, werden aussortiert. Dazu werden die Betroffenen gefragt, zu welchen Vorschlägen sie JA sagen. Von den akzeptablen Vorschlägen wählen die Beteiligten einen, den sie ausprobieren möchten. Wichtig ist, dass die Beteiligten ein echtes JA sagen (Körpersprache beachten!) und dass dann die genaue Durchführung geplant wird unter der Überschrift „Wer tut was mit wem bis wann?". Je jünger die Schüler, umso genauer sollten die einzelnen Schritte geplant werden. Je nach Zeit kann man die Lösung auch im Rollenspiel durchspielen. Die vereinbarte Lösung wird anschließend eine Woche ausprobiert.

FAQs

⊟ Was mache ich, wenn die Schüler keine Lösung finden?

Wenn die Klasse und auch die Beteiligten keine Lösungsmöglichkeiten finden, sollten Sie sich als Lehrkraft nicht unter Druck setzen lassen. Sie sind nicht der Problemlöser für Ihre Schüler! Stattdessen können Sie die Situation beschreiben und die Schüler fragen, wie die Klasse und Sie jetzt damit umgehen sollen (z.B. „Wir finden keine einzige Lösung für dieses Problem. Was machen wir jetzt?"). Das zeigt den Schülern, dass sie selbst eine Lösung finden können und Sie es ihnen auch zutrauen. Das bedeutet aber nicht, dass Sie die Schüler allein lassen. Solange Sie den Klassenrat leiten, sollten Sie die Schüler immer wieder anleiten, selbst Verantwortung zu übernehmen, und sie dabei nach Kräften unterstützen. Wenn für ein Problem oder einen Konflikt keine Lösungen gefunden werden, liegt es meist daran, dass die Bedürfnisse und Absichten der Beteiligten noch nicht richtig erfasst sind. Dann hilft es oft, noch einmal zurückzugehen und den Konflikt/das Problem erneut zu beleuchten (vielleicht von einer anderen Seite).

⊟ Was mache ich, wenn die Beteiligten alle Vorschläge ablehnen?

Auch da gilt es, die Verantwortung an die Beteiligten zurückzugeben (z.B. „Ihr habt alle Vorschläge abgelehnt. Wie wollen wir jetzt weitermachen?"). Wenn die Zeit knapp oder die Stunde schon zu Ende ist, können Sie die Schüler bitten, bis zum nächsten Klassenrat andere Lösungen zu überlegen.

⊟ Kann ich als Lehrer auch eine Lösung vorschlagen?

Als Lehrkraft sind Sie, wie die Schüler, Mitglied des Klassenrats. Selbstverständlich dürfen Sie auch selbst Lösungen einbringen. Allerdings sollten Sie den Schülern den Vortritt lassen und Ihren Lösungsvorschlag deutlich als einen Vorschlag unter anderen kennzeichnen. Wenn die Schüler wissen, dass Ihr Vorschlag einer unter anderen ist und niemand ihn auswählen muss, weil er von Ihnen kommt, werden Ihre Vorschläge gern gesehen.

Der Klassenrat

➡ Was tue ich, wenn die Beteiligten eine komplizierte Lösungsmöglichkeit auswählen, wenn meine doch viel einfacher ist?

Die Lösung muss für die Beteiligten passen und für sie akzeptabel sein. Ob sie für Sie als Lehrer oder andere Unbeteiligte passt, ist dabei nicht wichtig. Selbst wenn die komplizierte Lösung dann nicht funktioniert, haben die Schüler eine wichtige Erfahrung gemacht, die ihnen beim nächsten Mal zugute kommt. Einen Kommentar („Das habe ich doch gleich gesagt.") sollten Sie sich möglichst verkneifen.

➡ Meine Schüler wählen eine Lösung, bei der nicht anwesende Kollegen beteiligt sind. Wie gehe ich damit um?

Nicht Anwesende können nicht einfach „verplant" werden. Dies sollten Sie als Lehrkraft deutlich machen. Sie können dann mit den Schülern überlegen, wie man die Zustimmung einholen kann. Sollte das kurzfristig nicht möglich sein, ist die Lösung (zurzeit) nicht realisierbar.

➡ Die ausgewählte Lösung besteht in der Bestrafung eines Schülers. Soll ich das zulassen?

Nein! Der Klassenrat ist keine Gerichtsverhandlung. Alle Lösungen müssen einvernehmlich vereinbart werden. Wenn ein Schüler gegen die Schulordnung verstößt, wird die Schule als Institution eingreifen. Die Klasse hat kein Recht, einen Mitschüler zu bestrafen, selbst wenn dieser (unter Druck?) einer solchen Lösung zustimmt.

➡ Die Schüler beschließen, beim Wandertag ins Schwimmbad zu gehen. Ich will das nicht. Muss ich trotzdem ins Schwimmbad?

Wenn die Schüler eine Lösung bevorzugen, die Sie nicht mittragen können, weil Sie rechtliche und/oder persönliche Bedenken haben, so sollten Sie dies den Schülern klar mitteilen, erklären und die Lösungsmöglichkeit (in diesem Fall den Schwimmbadbesuch) in der Phase der Lösungsbewertung ablehnen.

6. Protokoll und Verabschiedung

Zum Schluss werden die Beschlüsse und Vereinbarungen im Klassenratsbuch oder -ordner **festgehalten** (nochmals vorlesen!) und die Leitung dankt allen Beteiligten für die Offenheit, die guten Vorschläge und weist auf die gelösten Probleme hin („Für das Anliegen von Paul haben wir eine gute Lösung gefunden."). Damit endet die Klassenratssitzung.

Voraussetzungen bei der Lehrkraft

▦ Haltung

In der Regel wird jeder Lehrer den Klassenrat mit seiner Klasse durchführen können. Allerdings wird der Klassenrat nur gelingen, wenn die Lehrkraft den Schülern gegenüber eine wertschätzende und zugewandte Haltung zeigt. Diese Haltung ist gekennzeichnet durch drei Anteile, die aus der **klientenzentrierten Gesprächsführung Carl Rogers** (Rogers, S. 23–32) bekannt sind:

▶ **Echtheit** (Kongruenz):
Man selbst sein und keine Rolle spielen.
▶ **Annahme** (Akzeptanz):
Dem anderen gestatten, ein Problem zu haben und so zu sein, wie er gerade ist.
▶ **Einfühlungsvermögen** (Empathie):
Sich in die Lage des anderen hineinversetzen können, Verständnis.

Von diesen drei Dingen ist die erste Bedingung die wichtigste und auch die schwierigste, da die Rolle des Lehrers oft die Person überlagert. Allerdings kann man diesen Aspekt, wie auch die beiden anderen, weiterentwickeln, wenn man das will. Die Haltung ist im Klassenrat so wichtig, da hier nicht nur Konflikte gelöst und Anliegen besprochen werden, sondern – und das macht ihn vielleicht zu einem so erfolgreichen Instrument – es wird quasi nebenbei an den Beziehungen der Menschen in einer Klasse gearbeitet. Die Lehrkraft gibt einen Teil der Lehrerrolle (beurteilende, bewertende, alles wissende) ab und wird für die Schüler stärker als **Person** erfahrbar, als Person, die einen anderen als Person wertschätzt, auch wenn sein Verhalten nicht akzeptabel war, als Person, die zugeben kann, dass sie auch nicht alles weiß, die Fragen hat, die genau zuhört und versucht, den anderen zu verstehen. Damit wird die Lehrkraft mit ihrer wertschätzenden Haltung im Klassenrat auch zum **Modell für den Umgang miteinander.** Bekanntlich ist das Lernen am Modell ja eines der effektivsten. Und selbst wenn Erwachsene oft den Eindruck haben, ihr eigenes (positives) Verhalten habe keinen Einfluss auf Kinder und Jugendliche, so ist doch ein Samenkorn gelegt, das bei vielen früher oder später aufgeht.

Diese drei Aspekte einer wertschätzenden Haltung bilden gewissermaßen das **Fundament für die Zusammenarbeit im Klassenrat.** Nicht immer wird man gleich gut alle Aspekte umsetzen können, aber oft ist ein echtes Wollen schon ausreichend. Eine solche im Klassenrat hilfreiche Haltung zeigt sich ganz konkret darin, dass der Lehrer

▶ die Schüler und ihre Probleme ernst nimmt, auch wenn sie ihm noch so unbedeutend und unwichtig vorkommen.
▶ sich mit Wertungen, Ratschlägen und Lösungsvorschlägen zurückhält.
▶ seinen Schülern etwas zutraut, ihnen Zeit gibt und gelassen bleibt, wenn sie zu einer anderen Lösung kommen als zu derjenigen, die er selber favorisiert hat.

Wie schon oben beschrieben, ist der Klassenrat weder eine Gerichtsverhandlung, bei der Schuldige gesucht werden, noch eine Methode, um einzelne Schüler zu disziplinieren oder subtil zu beeinflussen. Wenn das das Ziel ist und die Haltung den Schülern gegenüber dementsprechend ist, sollte man andere Methoden als den Klassenrat verwenden. Denn die Schüler spüren bald, ob ein Erwachsener es ernst mit ihnen meint, ob er echtes Interesse zeigt, ob er

Der Klassenrat

ihnen etwas zutraut, ob er sie als einzelne Person und Persönlichkeit wichtig nimmt. Wenn sie dann merken, dass die Versprechungen des Klassenrats nur Fassade sind, werden sie sich schnell verweigern und es wird sich im Sinne einer „self fulfilling prophecy" bewahrheiten, was die Lehrkraft ja schon immer gewusst hat: Dass der Klassenrat nur so ein neumodischer demokratischer Kram ist, für den die Schüler gar nicht reif sind (oder so ähnlich).

Kompetenzen

Zusätzlich zur wertschätzenden Haltung ist es hilfreich, wenn die Lehrkraft über folgende Qualifikationen verfügt:

▶ **Selbstkompetenz**
▶ **Gesprächskompetenz**
▶ **Konfliktlösungskompetenz**: Weiterbildung in Streitschlichtung/Mediation bzw. Moderation (Wie gehe ich mit Störungen um?)

Selbstkompetenz

Selbstkompetenz bedeutet, dass ich mich selbst in meinen Stärken und Schwächen kenne, dass ich weiß, wie ich in bestimmten Situationen reagiere, dass ich Zugang zu meinen Gefühlen habe und sie auch formulieren kann, dass ich mit Stress und Zeitdruck umgehen und dass ich mein professionelles Handeln reflektieren kann. Alle Menschen besitzen ein hohes Maß an Selbstkompetenz, allerdings ist sie uns nicht immer zugänglich. Daher kann es nützlich sein, einen Schritt vom Alltagsgeschäft zurückzutreten und sich Unterstützung zu suchen, um wieder in einen besseren Kontakt mit den eigenen Kompetenzen und Fähigkeiten zu treten. Dazu eignen sich z.B. das **Konstanzer Trainingsmodell**, eine strukturierte kollegiale Beratung oder Supervision, entweder als Einzelsupervision oder auch als Fallsupervision. Es sollte hierbei immer die Unterstützung und Stärkung der eigenen Person im Mittelpunkt stehen. Wer sich zunächst über ein Buch dem Thema nähern möchte, dem sei folgender Titel empfohlen: Reinhold Miller: 99 Schritte zum professionellen Lehrer. Seelze 2004.

Gesprächskompetenz

Gesprächskompetenz heißt, dass ich ein Gespräch so führen kann, dass ich einerseits meine eigenen Anliegen angemessen formulieren kann, andererseits den Gesprächspartner akzeptiere und ernst nehme, dass ich Kommunikationssperren erkenne und Strategien zur Deeskalation parat habe. Im Rahmen unserer Fortbildungen zum Klassenrat vermitteln wir den Teilnehmern die wichtigsten Kenntnisse, die wir Ihnen im Folgenden vorstellen. In unseren Seminaren ist uns insbesondere das praktische Tun wichtig. Daher empfehlen wir, entweder mit Kolleginnen zu üben oder an einer praktischen Fortbildung teilzunehmen.

Buch-Tipp:
Für diejenigen, die sich über das hier Dargestellte hinaus theoretisch mit dem Thema befassen wollen, hier noch ein Buch-Tipp:
Thomas Gordon: Lehrer-Schüler-Konferenz.
Reinbek b. Hamburg 1977.
Schauen Sie mal in Ihren Bücherschrank.
Vielleicht besitzen Sie das Buch schon.
Es ist zwar alt, aber immer noch aktuell.

Wenn ein Gespräch stattfindet, gibt es mindestens zwei Personen, die abwechselnd Sender und Empfänger sind.

▶ Beim **Senden** verschlüsselt jeder den Inhalt (das, was er meint) in Sprache (das, was er sagt und wie er es sagt).
▶ Beim **Empfangen** entschlüsselt jeder die Sprache (das, was er hört) in einen bestimmt Inhalt (das, was er versteht).

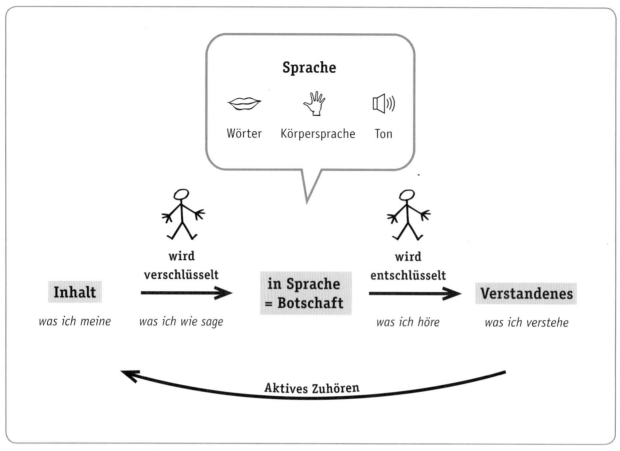

Vgl. hierzu Friedemann Schulz von Thun: Miteinander reden: Störungen und Klärungen. Reinbek b. Hamburg 1981.

Auf diesem Weg gibt es viele Möglichkeiten der **Missdeutung** oder des **Missverständnisses**, was oft der Grund für Konflikte ist. Also muss der Sender seine Botschaft sorgfältig senden (**klare Kommunikation**). Insbesondere im Klassenrat und bei der Behandlung von Konflikten ist es als Empfänger wichtig, sich beim Sender immer wieder rückzuversichern, ob man richtig verstanden hat, aber gleichzeitig auch Verständnis und Anteilnahme zu signalisieren (**aktives Zuhören**).

Da Gespräche nicht im luftleeren Raum stattfinden, sollte auch das **Umfeld** (wo und wie sitzen wir beieinander) mit berücksichtigt werden. In einem Elterngespräch oder bei einem Einzelgespräch zeigt oft schon die Sitzordnung oder die Raumgestaltung an, was ich (vielleicht unbewusst?) von meinem Gesprächspartner halte. Für den Klassenrat heißt das, dass ich auch einmal die Gestaltung des Klassenraums (Wie ist der Raum dekoriert? Ist der Fußboden sauber?) und des Sitzkreises (Können alle alle sehen? Haben alle genug Platz?) in den Blick nehmen kann. Der Einfachheit halber wollen wir uns aber nun auf die Bereiche klare Kommunikation und aktives Zuhören beschränken.

Klare Kommunikation:

Im Klassenrat, aber auch in jedem anderen Gespräch ist klare Kommunikation die Voraussetzung dafür, dass der Angesprochene möglichst das versteht, was ich sagen wollte. Wenn ich das, was ich meine, in Sprache (s. Abb. oben) fasse, habe ich immer verschiedene Möglichkeiten, dies zu tun. Je nachdem, wie ich formuliere, ist die Wahrscheinlichkeit, dass der andere die Sprache so entschlüsselt und versteht, wie ich es gemeint habe, größer oder kleiner. Wähle ich eine Art, die den anderen bewertet (oft sogar abwertet) oder Aussagen über ihn macht, wird der Konflikt eher eskalieren, als wenn ich eine Sprache wähle, die darüber spricht, wie es mir geht, was ich möchte, was mich stört.

Im Klassenrat sollten die Schüler bei der Konfliktbearbeitung immer wieder zu einer **deeskalierenden Sprache** angehalten werden (s. dazu Kap. 5). Auch wenn Schüler den Klassenrat leiten, ist klare Kommunikation eine wichtige Voraussetzung, damit sie ihre Leitungsfunktion wahrnehmen können (s. dazu Kap. 4). Für beide Situationen brauchen die Schüler ein Vorbild für die Kommunikation. Deshalb widmen wir diesem Thema dieses Unterkapitel.

Beispiel: *Kollege X und Kollegin Y unterhalten sich. Kollegin Y erzählt, was sie in der Arbeit mit den Schülern wichtig findet und was sie in ihrer Klasse demnächst ausprobieren will. Der Kollege X schaut kritisch und sagt: „Sie haben aber komische pädagogische Ansichten."*
Frau Y, eben noch begeistert, jetzt mit missmutigem Gesicht: „Denken Sie etwa, Ihr Unterricht haut noch irgendjemanden vom Hocker?"

Man kann sich leicht vorstellen, wie das weitere Miteinander von Herrn X und Frau Y verläuft. Frau Y hat zunächst über sich geredet. Herr X hat dann einen Gesprächsbeitrag gebracht, der das, was er gemeint hat, so verschlüsselt hat, dass Frau Y nicht erkennen konnte, was hinter dieser Botschaft steckt. Also hat sie für sich entschieden, wie sie die Aussage des Kollegen verstehen will, und hat darauf ebenfalls unklar geantwortet. Beide haben über den anderen geredet, ohne klar zu kommunizieren, was bei ihnen selbst los ist.

Um klar zu kommunizieren, d.h. die Wahrscheinlichkeit zu erhöhen, dass der andere meine Botschaft so entschlüsselt, dass er das versteht, was ich gemeint habe, muss ich **verschiedene Schritte** vollziehen:

1. Ich muss wissen, was bei mir vorgeht, welche Gefühle bei mir da sind, was meine Meinung zu der Angelegenheit ist.
2. Ich verschlüssele das so, dass ich etwas über mich aussage (Ich-Botschaft) und nicht über den anderen rede.

In unserem Beispiel hätte sich Herr X zunächst selbst fragen sollen, was die Erklärungen der Kollegin Y bei ihm auslösen. Vielleicht denkt er: „Das ist mir ziemlich fremd. Ich fühle mich unter Druck, weil ich denke, dass ich jetzt auch so etwas wie Frau Y machen soll. Ich verstehe auch nicht wirklich, was Frau Y genau meint." Wenn Herr X sich klarmacht, was bei ihm vorgeht, kann er zu Frau Y sagen: „Frau Y, Ihre Ansichten sind mir fremd, weil ich bisher ganz anders gearbeitet habe. Ich verstehe noch nicht, was Sie genau damit mei-

nen." Jetzt könnte das Gespräch einen ganz anderen Verlauf nehmen, weil Frau Y die Botschaft des Kollegen eher so verstehen kann, wie er sie gemeint hat (obwohl das nicht sicher ist). Sie entschlüsselt vielleicht „Herr X interessiert sich für meine Ansichten." und stellt bei sich fest „Darüber freue ich mich. Selbstverständlich erkläre ich ihm gerne weitere Einzelheiten." Deshalb sagt sie: „Wenn es Sie interessiert, kann ich Ihnen gern noch genauer berichten, worum es dabei geht." Nun könnten sich beide in einer gemeinsamen Freistunde zum intensiven Austausch verabreden.

> **Klare Kommunikation heißt, von sich selbst zu reden.**

Das Einüben von klarer Kommunikation ist insbesondere auch im Gespräch mit den Schülern (nicht nur) im Klassenrat wichtig. Hier geht es immer wieder um Auseinandersetzungen, bei der die Sprache den Konflikt eskalieren lässt. Wenn die Lehrkraft die Schüler im Rahmen der Konfliktmoderation dahin führen kann, dass sie ihre Bedürfnisse und Wünsche in Ich-Botschaften ausdrücken, ist für die Lösung des Konflikts schon das Wichtigste geschafft. Der Lehrer kann und sollte auch im Alltagsgeschäft ein **Vorbild für klare Kommunikation** in Form von Ich-Botschaften sein. Auch bei der Ausbildung zu Klassenratsmoderatoren erlernen die Schüler klare Kommunikation. Die ausbildende Lehrkraft sollte sich ebenfalls damit auskennen.

Ich-Botschaften sagen etwas über mich als Person aus: Was ich denke und glaube, wie ich mich fühle, was ich mir wünsche, was ich befürchte, was ich brauche. Nicht jeder Satz, der mit ICH beginnt, ist eine Ich-Botschaft (z.B. „Ich finde, du bist doof!" ist keine Ich-Botschaft).

Unter **Ich-Botschaften** verstehen verschiedene Autoren nicht immer das Gleiche. Deshalb möchten wir kurz darlegen, was wir als Ich-Botschaften definieren, weil wir es so für den Klassenrat als hilfreich empfunden haben. Für Thomas Gordon sind Ich-Botschaften Formen der Kommunikation, die die Beziehung in einem Bereich halten, in dem die Gesprächspartner problemlos miteinander kommunizieren können, weil jeder etwas über sich selbst aussagt. Er unterscheidet **vier Arten von Ich-Botschaften:**

▶ **Aussagende Ich-Botschaft:**
  Ich sage, was ich meine, denke, fühle, wünsche.
  (*„Ich lese gerne."*)
▶ **Positive Ich-Botschaft:**
  Ich sage, welche positiven Gefühle das Verhalten des anderen bei mir auslöst.
  (*„Ich freue mich, dass du deine Hausaufgaben vollständig gemacht hast."*)
▶ **Vorausschauende Ich-Botschaft:**
  Ich sage, was ich in der Zukunft brauche.
  (*„Ich möchte gerne, dass ihr in der nächsten Woche alle euer Lieblingsbuch dabei habt, weil wir an einem Lesewettbewerb teilnehmen."*)
▶ **Konfrontierende Ich-Botschaft:**
  Ich benenne ein Verhalten, mit dem ich ein Problem habe, und beschreibe, welche Gefühle es bei mir auslöst und welche Folgen es für mich hat.
  (*„Wenn du erst nach dem Klingeln in die Klasse kommst, stört mich das, weil ich den Faden verliere und neu anfangen muss."*)

Alle Arten von Ich-Botschaften sind wichtig; im Klassenrat kommt aber die letzte Art besonders häufig zum Einsatz, da häufig Konflikte bearbeitet werden, bei denen das Verhalten eines Schülers einen oder mehrere andere stören. Die **konfrontierende Ich-Botschaft** (oder klare Kommunikation bei Konflikten), die man verwendet, wenn man das Verhalten eines anderen als störend empfindet, besteht klassischerweise aus drei Teilen:

Dreiteilige konfrontierende Ich-Botschaft:

1) **Beschreiben des Verhaltens**
   „Wenn du ...,
2) **Nennen des Gefühls**
   bin ich ...,
3) **Begründung, Folgen (für mich)**
   weil ..."

Beispiel: *Während der Lehrer etwas erklärt, ruft ein Schüler immer wieder in die Klasse, ohne sich zu melden. Er sagt zum Schüler: Wenn du in die Klasse rufst, ohne dich zu melden, werde ich ärgerlich, weil ich meinen Satz nicht zu Ende bringen kann.*

1) Die konfrontierende Ich-Botschaft beginnt sinnvollerweise mit der **wertfreien Beschreibung des Verhaltens**, das mich stört. Das Verhalten wird dabei lediglich beschrieben (d.h. nicht bewertet). Ich beschreibe ein Verhalten, wenn ich benenne, was jemand tut und sagt, also das, was eine Kamera aufnehmen würde. Eine Kamera kann zum Beispiel nicht aufnehmen, dass jemand sich *unmöglich* verhält, *blöd* oder *unverschämt* ist, sondern der Film zeigt nur, was jemand sagt und tut (die Bewertung entsteht erst im Kopf dessen, der die Szene sieht). Dieser erste Teil der konfrontierenden Ich-Botschaft lautet also **nicht** *„Wenn du dich so unmöglich benimmst, ...",* **sondern** *„Wenn du in die Klasse rufst, ohne dich zu melden, ..."* Die wertfreie Beschreibung des Verhaltens gibt dem anderen außerdem die Möglichkeit zu erfahren, was mich überhaupt genau stört. Eine Aufforderung wie „Jetzt hör aber mal auf!" lässt den anderen im Ungewissen, mit was genau er aufhören soll, ist also eine Form von unklarer Kommunikation.

Der Klassenrat

2) Beim **Nennen des Gefühls**, das das Verhalten bei mir auslöst, sollte man das Gefühl möglichst genau benennen. Oft sind Ärger oder Wut das vorherrschende Gefühl, aber es lohnt sich, gelegentlich zu fragen, warum so viel Ärger oder Wut da ist. Meist liegt unter der Wut ein anderes Gefühl wie Trauer, Angst oder Enttäuschung. Sie mögen jetzt einwenden, dass die Gefühle des Lehrers den Schüler doch nichts angehen und man lieber nichts darüber sagen solle. Unsere Erfahrung ist, dass das Benennen der Gefühle die Lehrkraft für die Schüler menschlich und authentisch macht. Darüber hinaus lernen die Schüler, dass es gut und richtig ist, über Gefühle zu sprechen, und dass es wichtig ist, Wörter für Gefühle zu haben. Auch die Schüler selber sollen ja im Klassenrat befähigt werden, über eigene Gefühle zu reden, sich in die Gefühle eines anderen hineinzudenken und die Empathiefähigkeit zu entwickeln (s. auch Kap. 5).
Die Ich-Botschaft könnte also lauten: *„Wenn du in die Klasse rufst, ohne dich zu melden, werde ich ärgerlich, ..."*

3) Im dritten Teil (**Begründung, Folgen für mich**) wird dem anderen erklärt, warum das Verhalten diese Gefühle bei mir auslöst. Dadurch wird dem anderen klar, dass sein Verhalten Auswirkungen auf mich hat, was ihm vielleicht bisher nicht klar war. Je nachvollziehbarer die Beschreibung der Folgen ist, desto eher werde ich die Mitarbeit des anderen gewinnen und eine Verhaltensänderung erreichen. Gelegentlich zeigt es sich, dass das Verhalten eines anderen gar keine Auswirkungen auf mich hat, sondern dass es meinen Wertvorstellungen zuwider läuft. Dann ist die Chance, die schnelle Mithilfe zu gewinnen, nicht mehr so groß. Dennoch sollte man dann diesen Wert erklären und versuchen, die Gründe einsichtig zu machen.
Die vollständige Ich-Botschaft lautet dann also: *„Wenn du in die Klasse rufst, werde ich ärgerlich, weil ich meinen Satz nicht zu Ende bringen kann."*

Die drei Teile der konfrontierenden Ich-Botschaft sind in der Reihenfolge austauschbar und auch die Formulierung „Wenn du ..., bin ich ..., weil ..." ist nur ein Hilfsmittel, damit man nicht einen Teil vergisst. Jeder sollte aber die Art und Weise der Formulierung finden, die für ihn oder sie passt.

Die dreiteilige konfrontierende Ich-Botschaft ermöglicht dem anderen also zu erkennen, was genau das störende Verhalten ist, welche Gefühle es auslöst und weshalb die Gefühle ausgelöst werden bzw. welche Folgen das Verhalten hat. Dadurch kann er einsehen, wie sein Verhalten wirkt, und kann daraufhin sein Verhalten verändern. Wie er das Verhalten ändert, bleibt dabei ihm selbst überlassen. Das erfordert schon eine gewisse Empathiefähigkeit, nämlich sich vorzustellen, wie das Verhalten aussieht, das für den anderen keine negativen Gefühle und Folgen hat. Wenn diese Empathiefähigkeit nicht vorhanden ist, muss sie entwickelt oder freigelegt werden (Übungen dazu s. Kap. 5). Als Hilfestellung kann da die **Erweiterung der konfrontierenden Ich-Botschaft** um einen weiteren Teil nützlich sein, die von Marshall Rosenberg in seinem Buch „Gewaltfreie Kommunikation" vorgeschlagen wird.

Vierteilige konfrontierende Ich-Botschaft:

1) Beschreiben des Verhaltens
   „Wenn du ...,
2) Nennen des Gefühls
   bin ich ...,
3) Begründung, Folgen (für mich)
   weil ...,
4) Nennen der Erwartung
   und ich möchte ..."

Die vierteilige konfrontierende Ich-Botschaft wird also ergänzt um die **Nennung der Erwartung**, die ich an den anderen habe, d.h. ich formuliere, was ich vom anderen möchte oder was ich mir von ihm wünsche. Für unser Beispiel würde die Ich-Botschaft also jetzt lauten: „Wenn du in die Klasse rufst, werde ich ärgerlich, weil ich meinen Satz nicht zu Ende bringen kann. Deshalb möchte ich, dass du dich meldest, wenn du etwas sagen willst."

Die Formulierung der Erwartung oder des Wunsches sollte dabei positiv beschreiben, welches Verhalten das gewünschte ist. Dem anderen zu sagen „und deshalb möchte ich, dass du damit aufhörst" wiederholt nur, dass ich das Verhalten als störend empfinde, ist also für das Gegenüber im Vergleich zur dreiteiligen Ich-Botschaft keine Hilfestellung.

Erst die Beschreibung des gewünschten Verhaltens zeigt auf, wie dieses Verhalten denn genau aussehen würde, und bietet damit die große Chance, dass die Verhaltensänderung genau in diese Richtung geht. Um das **gewünschte Verhalten** positiv formulieren zu können, muss sich derjenige, der die konfrontierende Ich-Botschaft verwendet, allerdings im Klaren sein, wie das gewünschte Verhalten überhaupt aussieht. Wenn die Schüler im Klassenrat lernen, wie man seine Anliegen in Ich-Botschaften formuliert (s. auch Kap. 5), wird deutlich, wie wichtig es ist, dass die Schüler sich versuchen vorzustellen und dann zu formulieren, welches Verhalten sie sich denn überhaupt wünschen. Der auch bei der Lösungssuche sehr häufige Vorschlag „Er soll einfach damit aufhören." ist nicht hilfreich, da ja ein störendes Verhalten immer durch ein anderes ersetzt werden muss. Denn so wie Watzlawick sagt, dass man nicht nicht kommunizieren kann (P. Watzlawick: Anleitung zum Unglücklichsein), kann man sich auch nicht nicht verhalten.

Gegen die drei- und vierteilige Ich-Botschaft wird oft eingewendet, dass sie ja viel zu lang und kompliziert sei und der andere bestimmt nicht so lange zuhöre. Es ist sicher richtig, dass diese Art der Ich-Botschaften zunächst kompliziert und fremd erscheint. **Dennoch hat sie viele Vorteile**:

▶ Sie beschreibt genau, was mich am Verhalten des anderen stört.
▶ Sie macht klar, welche Folgen dieses Verhalten für den Sprechenden hat, und sie macht ihn durch die Beschreibung der Gefühle als Person erfahrbar.
▶ Durch die Erweiterung um das Gewünschte gibt sie Hilfestellung für die Kooperation und Ideen für ein ganz konkretes anderes Verhalten.
▶ Durch ihre klare Struktur unterstützt sie gleichzeitig den Sprechenden bei der Formulierung seiner Gedanken.

Damit ist sie wie ein Geländer, das einen zur klaren Kommunikation anleitet. (Denn wie schon erwähnt ist nicht jeder Satz, der mit ICH beginnt, eine Ich-Botschaft und schon gar nicht klare Kommunikation.)

Die **Fremdheit der drei- oder vierteiligen Ich-Botschaft** weicht erfahrungsgemäß nach einiger Zeit, nämlich dann, wenn man sie nicht mehr als Technik anwendet, sondern sie Teil der eigenen Person geworden ist. Dazu bedarf es einer gewissen Übung, für die es allerdings in jedem Bereich (mit Schülern, mit Kollegen, mit Eltern, mit Freunden, zu Hause) viele Felder gibt. Wer zunächst ein paar Trockenübungen machen möchte, kann sich an den Übungen im Anhang versuchen (s. Übungsblatt U1 und U2).

Wem die drei- und vierteilige Ich-Botschaft dennoch zu lang ist, kann es auch mit der **kurzen oder zweiteiligen Ich-Botschaft** versuchen, die allerdings das eigene Anliegen weniger klar kommuniziert.

> ### Kurze Ich-Botschaft (2 Teile)
>
> 1) **Nennen des Gefühls**
>   *„Ich bin ...,*
> 2) **Beschreiben des Verhaltens**
>   *wenn du ..."*
>
>   **ODER**
> 1) **Nennen des Gefühls**
>   *„Ich bin ...,*
> 2) **Nennen der Erwartung**
>   *und ich möchte ..."*

Der Klassenrat

Kommunikationssperren:

Das Gegenteil zur Ich-Botschaft ist klassischerweise die Du-Botschaft, die – so lernt man – unbedingt vermieden werden sollte. Manchmal wird das so verstanden, dass man nun keinen Satz mehr mit DU beginnen lassen dürfe. Aber wie nicht jeder Satz, der mit ICH beginnt, eine Ich-Botschaft ist, so ist auch nicht jeder Satz, der mit DU beginnt, eine Du-Botschaft. Die Du-Botschaft im kommunikations-theoretischen Sinne zeichnet sich dadurch aus, dass sie das Gegenüber be- (oft ab-)wertet, dass sie also **bewertende Aussagen** über den Gesprächs-partner macht. Das führt dazu, dass der Gesprächs-partner sich zurückzieht, grollt, „dicht macht" und ein wirkliches Gespräch nicht mehr möglich ist.

Wenn wir noch einmal zurückgehen zu unserem Bei-spiel mit Herrn X und Kollegin Y, dann sieht man, dass die Aussage „Sie haben aber komische Ansich-ten." deutlich eine Bewertung („komische Ansich-ten") enthält, die dazu führt, dass die Kommuni-kation abbricht. Die Du-Botschaft des Kollegen X ist nicht nur unklare Kommunikation, sie legt dem weiteren Gespräch auch ein Hindernis in den Weg. Deshalb möchten wir statt des Begriffs „Du-Bot-schaft" lieber den Begriff **„Kommunikationssper-re"** oder **„unklare Kommunikation"** verwenden. Denn in der konfrontierenden Ich-Botschaft wird das störende Verhalten des Gegenübers wertfrei be-schrieben durch „wenn du das und das tust und sagst". Hier ist der Du-Satz aber eindeutig keine Du-Botschaft im kommunikationstheoretischen Sinne, sondern eine wertfreie Beschreibung des Verhaltens, die ohne ein DU nicht geht. Besondere Betonung liegt hier auf „wertfrei" (Kamera!), da so kleine Wörter wie etwa „immer, nie, ständig, dauernd" usw. aus der wertfreien Beschreibung schnell eine Bewertung und damit eine Kommunika-tionssperre werden lassen. Achten Sie einmal auf die unterschiedliche Wirkung, wenn jemand sagt: „Du sagst ‚Blödmann' zu mir.", gegenüber: „Immer sagst du ‚Blödmann' zu mir."

Je nach Autor finden sich mehr oder weniger viele Arten von Kommunikationssperren, denen aber al-len gemeinsam ist, dass sie den Gesprächspartner bewerten und nicht ernst nehmen. Eine Zusammen-stellung, die T. Gordon herausgefunden hat, befin-det sich im Anhang (s. Kopiervorlage K4). Sie kann dazu dienen, das eigene Redeverhalten aufmerksa-mer zu beobachten und ggf. die gefundenen Kom-munikationssperren nach und nach abzubauen.

Einfühlendes Zuhören:

Der eine Teil einer gelungenen Kommunikation be-steht darin, dass der Sprechende das, was er meint, klar mitteilt (Ich-Botschaften). Der andere Teil liegt auf der Seite des Zuhörenden, der möglichst genau das verstehen will, was der Sprechende gemeint hat. Dazu gehören zunächst einige technische Vor-aussetzungen, wie ein funktionierender „Kanal", d.h. der Hörer versteht den Sprecher akustisch und kennt die Bedeutung der Wörter. Darüber hinaus sind einige **Verhaltensweisen des Zuhörers** sinnvoll für ein gutes Gespräch (wie es ja im Klassenrat ge-führt werden soll, s. dazu auch Kap. 5), die wir hier „passives einfühlendes Zuhören" nennen wollen.

Dazu gehört etwa:
▶ die ungeteilte **Aufmerksamkeit**, d.h. nur dem anderen zuhören und nichts anderes tun,
▶ **Blickkontakt** und offene **Körperhaltung**, aber auch
▶ **Stillschweigen**, während der andere spricht,
▶ ggf. **Bestätigung** an den anderen, dass man hört, was er gesagt hat, und
▶ **Türöffner**, d.h. die Einladung an den anderen, weiterzusprechen („Möchtest du mehr darüber erzählen?", „Davon möchte ich gern mehr hören.", „Kann ich dich unterstützen?").

Da ein Gesprächspartner nicht immer klar kommuniziert oder kommunizieren kann (insbesondere wenn es im Klassenrat um konfliktbeladene oder emotionale Dinge geht), braucht die Lehrkraft (oder die Person, die den Klassenrat leitet) die Fähigkeit, sich in den anderen hineinzudenken und -zufühlen und ihm somit zu helfen, das, was in ihm vorgeht, besser zu verstehen und in Worte zu fassen. Diese Fähigkeit möchten wir **aktives einfühlendes Zuhören** nennen.

Wie bei der klaren Kommunikation gibt es auch beim aktiven einfühlenden Zuhören eine **Technik**, die hilft, diese Fähigkeit (als Teil meiner Persönlichkeit) zu erwerben. Technik bedeutet hier, dass man zunächst quasi mechanisch vorgeht, bis man die Formulierungen und die Haltung in sein persönliches Fähigkeitsspektrum integriert hat und das (mechanische) aktive Zuhören in ein echtes einfühlendes Zuhören umgewandelt ist.

Bei der Technik des aktiven Zuhörens geht es also einerseits darum, sicherzustellen, dass das, was der andere in Sprache verpackt hat, **„richtig" angekommen** ist. Dazu wiederholt man den Inhalt der Botschaft, so wie man ihn selbst verstanden hat. Andererseits soll aktives (oder einfühlendes) Zuhören dem Gesprächspartner helfen, Zugang zu dem Bereich zu finden, der wie beim Eisberg quasi unter der Wasseroberfläche liegt, indem er ganz bei sich sein kann und sich, so wie er ist, angenommen fühlt. Um das zu erreichen, formuliert man beim aktiven Zuhören das **Gefühl** (oder auch die Gefühle), die man beim Gesprächspartner wahrgenommen hat. In einem dritten Schritt kann man dann (analog zur Ich-Botschaft) versuchen zu formulieren, was wohl die **Absicht** oder das **Bedürfnis** der Person war/ist, der man aktiv zuhört.

Wenn wir uns noch einmal unser Beispiel, das Gespräch zwischen Kollegin Y und Kollege X, ins Gedächtnis rufen. Herr X sagt zu seiner Kollegin: „Sie haben aber komische pädagogische Ansichten." Frau Y fühlt sich – durchaus nachvollziehbar – angegriffen und erwidert: „Denken Sie etwa, Ihr Unterricht haut noch irgendjemanden vom Hocker?" Stellen wir uns vor, Frau Y hätte ihrem Kollegen aktiv zuhören wollen, dann hätte sie sagen können:

▶ „Ah, ich höre, Sie finden meine Ansichten ungewöhnlich." (Inhalt)
▶ „Es hört sich an, als ob Ihnen meine Vorstellungen etwas fremd sind, weil Sie ganz anders arbeiten." (Gedanken/Gefühle)
▶ „Vielleicht möchten Sie, dass wir uns noch einmal in Ruhe darüber austauschen?" (Bedürfnis)

Damit kommt das Gespräch auf eine **ganz andere Ebene**. Jetzt geht es nicht mehr um Rechtfertigung und Recht haben, sondern Kollege X hat die Möglichkeit zu überlegen „Wollte ich das wirklich sagen?" und ggf. zu korrigieren. Darüber hinaus erfährt er, dass seine Kollegin versucht zu verstehen, was wirklich hinter seiner Aussage steht, dass es also nicht um Konfrontation, sondern um einfühlendes Verstehen geht. Damit kann der Weg zu einer ganz anderen Art der Kommunikation freigemacht werden, bei der auch Unangenehmes ausgesprochen und Tieferliegendes formuliert werden kann.

Wenn man aktives Zuhören erlernen möchte, empfehlen wir, zunächst mit dem **Paraphrasieren des Inhalts** zu beginnen. Das ist am einfachsten und wird auch als am wenigsten fremd gegenüber dem bisherigen Gesprächsverhalten empfunden.

Aktives Zuhören ist also

▶ **kurze Zusammenfassungen des Inhalts (Paraphrase) mit eigenen Worten,**
▶ **wahrgenommene Gedanken und Gefühle des anderen spiegeln,**
▶ **wahrgenommene Bedürfnisse/Absichten/Wünsche des anderen benennen.**

Gleichzeitig hilft es, dem anderen wirklich zuzuhören und nicht schon – während der andere noch spricht – die eigene Antwort zu formulieren. Probieren Sie es einmal aus: Wenn Ihnen jemand etwas erzählt, das er erlebt hat (z.B. Urlaubsbericht), versuchen Sie immer mal wieder das Gehörte zusammenzufassen. In unseren Fortbildungen erleben wir oft, dass es gar nicht so leicht fällt, wirklich beim Gesprächspartner zu bleiben und die eigenen Entgegnungen zurückzustellen. Gleichzeitig wird immer wieder berichtet, dass es für den, dem zugehört wird, eine sehr positive Erfahrung ist, wenn ihm wirklich zugehört wird, wenn er ganz im Mittelpunkt steht. Und diese positive Erfahrung tritt bereits ein, wenn man nur den Inhalt wiederholt.

Wenn man sich beim Wiederholen des Inhalts mit eigenen Worten sicher fühlt, kann man den zweiten Schritt machen und versuchen, das wahrgenommene Gefühl zu formulieren. Das **Gefühl** zu benennen, das man beim anderen spürt, fällt vielen schwer, weil sie es als „komisch" empfinden.

Tipp:
Üben Sie mit Schülern, je jünger, je besser.

Jüngere Schüler (bis etwa 5. oder 6. Klasse) sind meist sehr dankbar, wenn man ihre Gefühlsebene mitberücksichtigt, wenn man ihnen Worte für das gibt, was da in ihnen passiert, und sie merken, dass diese Ebene ganz wichtig ist (s. auch Kap. 5). Sie werden es dann auch später als normal(er) empfinden, über Gefühle zu reden. Jugendliche und erst recht Erwachsene, die in ihrem Kommunikationsverhalten schon eingefahrener sind, reagieren manchmal überrascht (aber selten ablehnend). Da es auch für den Übenden selbst ja eine Umstellung des Gesprächsverhaltens darstellt, die Gefühle zu benennen, sollte man es sich nicht schwerer machen als nötig.

Jetzt könnte man fragen, warum man denn überhaupt die Gefühle des anderen benennen soll.
Dafür gibt es mehrere Gründe:

1. Der aktiv Zuhörende wird angehalten, sich über die Inhaltsebene hinaus in den Gesprächspartner einzufühlen, ganz bei ihm zu bleiben und eigene Meinungen und Wertungen zurückzustellen.

2. Der Gesprächspartner erlebt – noch mehr als bei der reinen Paraphrase –, dass er angenommen und ernst genommen wird, dass seine Gefühle ihre Berechtigung haben, dass der Zuhörende sich ihm ganz widmet.

3. Gefühle bestimmen unser Handeln. Obwohl wir immer wieder glauben, unser Verstand wäre die alles entscheidende Instanz, so weiß man doch inzwischen (und wenn wir ehrlich sind, müssen wir es auch bestätigen), dass die Gefühle die eigentlichen Motoren unseres Handelns sind. Das gilt insbesondere für Konfliktsituationen, in denen der „Kopf" bei manchen Menschen quasi ausgeschaltet ist. Deshalb ist es wichtig, in Kontakt mit seinen Gefühlen, mit dem Bauch dabei zu sein. Gerade wenn man Schülern, die schnell körperlichen Einsatz zeigen, hilft ihre Gefühle zu benennen, ist schon ein erster Schritt getan, dass sie irgendwann lernen, mit diesen Gefühlen umzugehen (s. auch Kap. 5).

Wenn Sie Schritt 1 und 2 des aktiven und einfühlenden Zuhörens gemacht haben, ist der dritte Schritt nicht mehr schwierig und ergibt sich oft von selbst. Er besteht darin, zu formulieren, welches Bedürfnis oder welche Absicht man beim anderen wahrgenommen hat. Dieser dritte Schritt des aktiven Zuhörens ist im Klassenrat immer wieder hilfreich, wenn es darum geht herauszufinden, in welcher Absicht oder mit welchem Ziel jemand ein bestimmtes Verhalten zeigt.

Grundsätzlich kann man davon ausgehen, dass jedes Verhalten (egal ob wir es gutheißen oder nicht), irgendeinem **Ziel** dient. Ein Schüler, der andere mit Schimpfwörtern belegt, möchte vielleicht durch Abwertung der anderen erreichen, dass er als „cool" anerkannt wird. Meist ist den Schülern nicht bewusst, aus welchen Bedürfnissen heraus und mit welchem Ziel sie handeln. Das aktive Zuhören ermöglicht (oft zum ersten Mal), den Blick auf das hinter dem in der Regel unerwünschten Verhalten steckende **Anliegen** zu richten. Wenn es gelingt, mit Hilfe des aktiven Zuhörens Bedürfnis und Absicht zu formulieren, kann man sich dann auf den Weg machen, andere Möglichkeiten als die bisherigen zu finden, das Bedürfnis zu befriedigen oder die Absicht zu realisieren. Mit dem Schüler, der Schimpfwörter benutzt, und der Klasse könnte man überlegen, wie er seine Anerkennung von den anderen auf anderem Wege bekommen kann.

Die drei Schritte des aktiven Zuhörens sind im Sinne einer Technik ein **Leitfaden**, um die Anwendung zu erleichtern. Dabei kann auch jeder der Schritte einzeln verwendet werden, d.h. dass man auch einmal nur die Gefühle spiegeln oder nur die Absicht formulieren kann. Zu Beginn ist es oft schwierig, passende Formulierungen für das aktive Zuhören zu finden. Deshalb haben wir im Anhang (s. Kopiervorlage K5) einige Formulierungshilfen für den Umgang mit Schülern zusammengestellt. Sie sollen als Anregung dienen. Wer nach einer Weile aktives und damit einfühlendes Zuhören zu einem Teil seiner Person gemacht hat, wird automatisch seine eigene Art und Weise des einfühlenden Zuhörens finden. Und dann kommt es weniger auf die einzelne Formulierung als auf die einfühlende Haltung an.

Zum Schluss dieses Abschnitts hier noch einmal die wichtigsten Punkte für einfühlendes Zuhören:

> **Einfühlendes Zuhören (passiv und aktiv) setzt voraus, dass der Zuhörende möglichst genau das verstehen will, was der andere meint, dass er die eigenen Ideen und Meinungen zurückstellt und sich ganz in die Gedanken und Gefühle des anderen hineinfühlen will, um nachzuvollziehen, was der Gesprächspartner tatsächlich meint.**

Was bedeutet aktives einfühlendes Zuhören?

▶ kurze Zusammenfassungen des Inhalts (Paraphrase) mit eigenen Worten
▶ wahrgenommene Gedanken und Gefühle des anderen spiegeln
▶ wahrgenommene Bedürfnisse/Absichten/Wünsche des anderen benennen
▶ nachfragen, ob sich der andere verstanden fühlt
▶ keine Beurteilungen abgeben, eigene Meinung zurückstellen

Vorteile von aktivem einfühlendem Zuhören:

Aktives einfühlendes Zuhören

▶ führt dazu, dass der andere sich verstanden und ernst genommen fühlt.
▶ ermöglicht, dass der andere eine falsche Vermutung korrigieren kann.
▶ erleichtert das Problemlösen: das Aussprechen von unangenehmen Dingen, „lautes Denken", wird gefördert.
▶ lässt die Verantwortung für das Lösen des Problems beim anderen.

Der Klassenrat

Konfliktmoderation

Der Klassenrat befasst sich mit allen Themen, die die Klasse und die Menschen in ihr betreffen. Da Konflikte immer auftreten, wenn Menschen zusammen leben und arbeiten, stehen Konflikte auch häufig auf der Tagesordnung des Klassenrats. Deshalb ist es hilfreich, wenn die leitende Lehrkraft die **Grundzüge der Konfliktmoderation** kennt. Im Folgenden stellen wir die wichtigsten Schritte, die dazu nötig sind, vor. Wir weichen dabei gelegentlich von der „klassischen" Streitschlichtung ab, wenn es sich für die etwas andere Situation des Klassenrats als notwendig erwiesen hat. Das Vorgehen entspringt unseren Erfahrungen. Ebenso wie bei allen anderen Anleitungen und Abläufen zum Klassenrat in diesem Buch ist auch diese Vorgehensweise beispielhaft und möglichst kleinschrittig beschrieben. Daraus folgt, dass man im konkreten Fall auch einmal einen Schritt überspringen kann. Mit zunehmender Routine wird sich jeder seine individuelle Vorgehensweise erarbeiten. Wenn die dahinterstehende Haltung zum Anliegen des Klassenrats passt, gibt es viele Wege, die zu einer guten Konfliktlösung führen. Eine Handreichung, die man auch als Spickzettel mit in die Klassenratssitzung nehmen kann, finden Sie im Anhang (s. Kopiervorlage K6).

Gemäß der Klassenratsidee werden bei den Sitzungen alle Anliegen und Konflikte ernst genommen und für alle öffentlich behandelt. Damit wird klar, dass Konflikte und deren Lösung ein Anliegen der ganzen Klasse ist. Daher ist es wichtig, dass für alle in der Klasse deutlich ist: Das **Ziel** der Behandlung von Konflikten im Klassenrat ist es, eine Lösung zu finden, die für alle Beteiligten akzeptabel ist. Denn nur wenn alle Beteiligten zufrieden sind, kann ein Konflikt dauerhaft gelöst werden. Solange einer der Konfliktbeteiligten den Eindruck hat, er habe verloren oder sich dem Stärkeren unterworfen, wird er in irgendeiner Form die Lösung untergraben. Im Gegensatz zur Behandlung von Konflikten, wie sie sonst häufig in Schulen (aber auch in der Familie oder sonst wo) praktiziert wird, nämlich dass die

Lehrkraft entscheidet, wer Recht hat und wer eine Strafe bekommt, geht es bei der Konfliktmoderation im Klassenrat *nicht* darum, einen Schuldigen, sondern eine **Lösung** zu finden.

Dies stellt für die leitende Lehrkraft, aber auch für die Schüler häufig eine **große Schwierigkeit** dar. Die Schüler sind es (manchmal in langjähriger Erfahrung) gewohnt, dass ein Schuldiger gefunden wird, der dann eine Strafe bekommt (und alle anderen sind „fein raus"). Und auch viele Lehrer sind in ebenso langjähriger Erfahrung darauf geeicht, wie ein Richter „Recht" zu sprechen und zu urteilen, sprich eine Bestrafung zu verhängen. Damit übernehmen sie eine Rolle, die ihnen sehr viel Verantwortung aufbürdet (in den seltensten Fällen ist die Sache so klar, dass man sofort entscheiden kann, wer Schuld hat) und bei dem, der die Schuld zugeschoben bekommt, zu viel Groll führt, wenn er sich ungerecht behandelt fühlt. Gleichzeitig entlässt die Lehrkraft die Beteiligten aus der Verantwortung für deren Konflikt und nimmt ihnen so die Möglichkeit, selbst eine gute Lösung zu finden.

Das bedeutet nun nicht, dass man die Schüler mit ihrem Konflikt allein lässt („Das interessiert mich nicht, löst eure Streitigkeiten selbst."), sondern die Konfliktbearbeitung im Klassenrat ermöglicht allen Beteiligten, innerhalb einer Halt gebenden Struktur selbst eine akzeptable Lösung zu finden. Der Lehrer ist dabei **Moderator**, d.h. er strukturiert das Vorgehen, und helfende Begleitung, d.h. er ermöglicht über einfühlendes Zuhören die Versprachlichung von nicht sichtbaren Anteilen des Konflikts. Deshalb sollte sich die moderierende Lehrkraft klarmachen, dass der Konflikt (in der Regel) nicht ihr eigener ist, d.h. dass sie „nur" moderiert und begleitet, aber nicht die Lösung finden muss. Das schaffen die Beteiligten schon selbst. Daraus folgt auch, dass der Moderator neutral sein, also keine der Parteien bevorzugen darf, und seine eigene Meinung zurückstellen muss. Das fällt anfangs manchmal schwer, bedeutet allerdings eine große Entlastung.

Ziel der Konfliktmoderation:

▶ Eine Lösung finden, die für alle Beteiligten akzeptabel ist.

▶ Nur wenn alle Beteiligten gewinnen, kann der Konflikt dauerhaft gelöst werden.

▶ Es geht nicht darum, einen Schuldigen zu finden, sondern eine Lösung!

Der Moderator:

▶ strukturiert das Vorgehen und ist hilfreicher Begleiter (einfühlend Zuhören),

▶ muss neutral sein und darf niemanden bevorzugen,

▶ lässt seine eigene Meinung außen vor,

▶ bleibt gelassen: Nicht er muss die Lösung finden, die Schüler schaffen das schon selbst!
 Also: Nicht schon beim ersten Satz die Lösung im Kopf haben, sondern zuhören, ermutigen, Gefühle ernst nehmen, die Personen respektieren, Verantwortung zurückgeben.

Der Ablauf der Konfliktmoderation im Klassenrat entspricht im Grunde dem bekannten Ablaufschema bei Streitschlichtungen und umfasst folgende Schritte (s. auch Kopiervorlage K6a und K6b):

I Zustimmung einholen ⟫ **Phase ③ des Klassenrats**

Freiwilligkeit, Regeln, Ablauf Abfrage der zu klärenden Anliegen/Probleme

II Beschreibung des Konflikts ⟫ **Phase ④ des Klassenrats**

aus Sicht jedes Beteiligten Besprechung des Anliegens/Problems

III Konflikterhellung ⟫ **Phase ④ des Klassenrats**

Gefühle, Bedürfnisse, Absichten Besprechung des Anliegens/Problems

IV Perspektivenwechsel ⟫ **Phase ④ des Klassenrats**

Gefühle des anderen nachempfinden Besprechung des Anliegens/Problems

V Lösungen suchen ⟫ **Phase ⑤ des Klassenrats**

Brainstorming der Klasse Lösungssuche und Vereinbarung

VI Lösungen bewerten und auswählen ⟫ **Phase ⑤ des Klassenrats**

Alternativen, Folgen, Auswirkungen, Lösungssuche und Vereinbarung
Konfliktpartner entscheiden sich für
akzeptable Lösung

VII Vereinbarung treffen ⟫ **Phase ⑤ + ⑥ des Klassenrats**

Wer tut was mit wem bis wann? Lösungssuche und Vereinbarung + Protokoll
Protokoll

Konfliktmoderation Schritt für Schritt:
Die Übersicht soll einen kurzen Überblick für das Vorgehen verschaffen. Die einzelnen Schritte, die wir im Folgenden ausführlich darlegen, enthalten jeweils hinter einem Pfeil mögliche Formulierungen, die man als Moderator verwenden kann. Dazu haben wir die Konfliktparteien der Einfachheit halber „Peter" und „Paul" genannt. Diese Namen stehen als Platzhalter auch für Schülergruppen, denn im Klassenrat gibt es alle Konfliktkonstellationen (z.B. zwei einzelne Schüler, ein Schüler und eine Gruppe, zwei oder mehrere Schülergruppen).

I Zustimmung einholen

Da der Klassenrat darauf baut, dass alle Teilnehmenden gewillt sind, eine gemeinsame Lösung zu finden, ist es zwingend notwendig, zu Beginn der Moderation das Einverständnis der Beteiligten einzuholen (**Prinzip der Freiwilligkeit**). Wird jemand gezwungen, ein Problem oder einen Konflikt zu besprechen, ohne dass er es will, wird er entweder irgendeiner Lösung zustimmen, damit es „schnell vorbei" ist, und sich nicht daran halten, oder er wird keiner Lösung zustimmen, um seinen Widerstand gegen das Vorgehen zu zeigen (s. auch oben unter „Abfrage der zu klärenden Anliegen"). **Deshalb ist es wichtig, ausdrücklich zu fragen:**

 „Paul, bist du damit einverstanden, dass wir über dieses Problem sprechen? Peter, bist du auch damit einverstanden?"

Bei der Antwort sollte man unbedingt auch die Körpersprache beachten. Gerade wenn ein einzelner Schüler einer Gruppe gegenübersteht, fühlt er sich leicht unter Druck gesetzt, jetzt zustimmen zu müssen. Wenn die körpersprachlichen Signale nicht mit dem ausgesprochenen JA übereinstimmen, gilt es aufmerksam zu sein, was dahintersteckt (einfühlend zuhören: „Du scheinst noch nicht so ganz zustimmen zu können. Was würde dir helfen, mit Überzeugung JA zu sagen?").

Ist die Zustimmung da, sollte man (wenigstens solange das Verfahren noch neu ist) kurz den **Ablauf der Moderation** skizzieren, damit sich alle noch einmal daran erinnern. Im Rahmen der Einführung des Klassenrats in der Klasse kann man das Verfahren der Moderation ausführlich besprechen und die

Schritte auf einem Plakat visualisieren. Dann kann man bei jeder Klassenratssitzung darauf verweisen, bis die Schüler (und die Lehrkraft) den Ablauf verinnerlicht haben.

 „Ihr erinnert euch ja noch, wie wir vorgehen. Erst darf der eine aus seiner Sicht berichten, ohne dass er unterbrochen wird, und dann der andere …"

An dieser Stelle kann man auch noch einmal auf die **Regeln** verweisen, den anderen ausreden zu lassen und von sich selbst zu sprechen. Dies ist insbesondere wichtig, wenn das Thema sehr emotional besetzt ist. Dann muss man sicherlich auch zwischendurch immer mal wieder an die Regeln erinnern und deren Einhaltung einfordern.

 „Ich erinnere euch noch mal an unsere Regeln: ‚Ich höre zu, wenn ein anderer spricht.' und ‚Ich spreche von mir und nicht über andere.' Wenn ihr diese Regeln nicht einhaltet, werde ich euch daran erinnern. Seid ihr einverstanden?"

Danach gilt es noch zu klären, wer zuerst den Konflikt aus seiner Sicht beschreibt. Normalerweise sind sich die Beteiligten schnell einig. Wenn nicht, empfiehlt sich ein Zufallsverfahren (Losen, Würfeln). Das geht schnell und benachteiligt niemanden.

 „Wer von euch fängt an?" – „Da ihr euch nicht einigen könnt, werfe ich jetzt eine Münze."

FAQs

⮞ **Was mache ich, wenn eine oder beide Parteien der Besprechung im Klassenrat nicht zustimmen?**

Zunächst sollte man die Ablehnung ernst nehmen und einfühlend zuhören. Vielleicht braucht eine Einzelperson Unterstützung gegen ein Gruppe („Würde es dir helfen, wenn du dir einen Unterstützer für deine Position suchst?"). Verweigert eine oder beide Parteien hartnäckig die Zustimmung, wird der Konflikt nicht im Klassenrat behandelt. Allerdings sollte man die Sache nicht einfach auf sich beruhen lassen, denn zumindest derjenige, der das Anliegen eingebracht hat, möchte ja einen Konflikt klären. Es gibt verschiedene Möglichkeiten, wie man weitermacht. Zuallererst sollte man sich aber fragen:

Eignet sich das Anliegen für den Klassenrat?
(s. Kap. 2 „Grenzen des Klassenrats")

Wenn sich das Anliegen nicht für den Klassenrat eignet, sollten Sie den Schüler, der das Anliegen eingebracht hat, darüber informieren und verdeutlichen, wie Sie weiter damit umgehen werden. Dabei sollten Sie darauf achten, dass einzelne Schüler nicht stigmatisiert oder in Außenseiter-/Mobbingpositionen gedrängt werden. Auch öffentliches Loben für seinen Mut kann einen Schüler in unangenehme Lagen bringen.

Gibt es etwas (z.B. familiäre Probleme, Probleme mit einem Kollegen, Mobbing etc.) bei dem ablehnenden Schüler, das nahelegt, dass er in eine ihm peinliche Situation gerät?

Stimmt die Atmosphäre im Klassenrat? Kann jeder Schüler davon ausgehen, dass er fair behandelt wird, dass er trotz eines vielleicht nicht akzeptablen Verhaltens als Person wertgeschätzt und angenommen wird? Kann jeder Schüler davon ausgehen, dass er im Klassenrat Unterstützung für seine Veränderungsbereitschaft bekommt und nicht mit Strafen rechnen muss?

Für das konkrete Vorgehen empfiehlt es sich, evtl. im Einzelgespräch herauszufinden, welche Hintergründe die Ablehnung hat. Sind die Konfliktparteien einzelne Personen (zwei Schüler) und gibt es an der Schule Streitschlichter, kann man anbieten, dass die Beteiligten dort ihren Konflikt besprechen. Gibt es keine Streitschlichter, kann man auch sich selbst als Schlichter zu einem anderen Zeitpunkt anbieten (Pause, nach der letzten Stunde o.Ä.).

⮞ **Soll ich die Besprechung abbrechen, wenn sich die Beteiligten nicht an die Regeln halten?**

Der Moderator ist dafür da, den Schülern einen sicheren Rahmen für ihre Konfliktbewältigung zu geben. Daher muss jeder sicher sein können, dass er aussprechen darf und nicht beschimpft oder abgewertet wird. Sollte sich eine Partei trotz wiederholten Hinweisen auf die Regeln nicht daran halten, ist es günstig, den Konfliktlöseprozess zu unterbrechen und die Sache zu thematisieren. („Ihr kennt unsere Regeln und habt eingewilligt, euch daran zu halten. Jetzt sehe ich, dass du schon mehrere Male dagegen verstoßen hast. Die Regeln stellen sicher, dass jeder hier seine Sachen vortragen darf, ohne mit Beschimpfungen rechnen zu müssen. Wie, denkst du, können wir weitermachen?")

II Beschreibung des Konflikts

Wenn klar ist, wer zuerst berichtet, fordert man den Beginnenden auf:

„Paul, erzähle aus deiner Sicht, was passiert ist."

„Peter, erzähle aus deiner Sicht, was passiert ist."

Während der Berichte sollte der Moderator immer wieder aktiv zuhören, also das Gesagte zusammenfassen, wahrgenommene Gefühle spiegeln und fragen:

„Habe ich dich richtig verstanden, dass ...?"

An dieser Stelle geht es darum, das, was passiert ist, aus der **jeweiligen Sicht** zu verstehen. Es geht nicht darum, das Verhalten des einen oder anderen zu bewerten oder zu beurteilen. Dazu sollten auch die Konfliktparteien immer wieder angehalten werden. Wie im Abschnitt „Klare Kommunikation" (s. oben) beschrieben, sollte das Geschehene und das störende Verhalten des anderen möglichst wertfrei beschrieben werden. Wenn Paul also sagt: „Peter ärgert mich dauernd", kann man zu ihm sagen:

„Peter hat etwas gemacht, was dich sehr geärgert hat. Wir anderen waren ja nicht dabei. Versuch doch noch einmal, genau zu beschreiben, was genau er gesagt und getan hat, wie, wenn eine Kamera es aufnehmen würde."

FAQs

▶ **Wenn einer ein Problem berichtet, melden sich gleich fünf andere, die dazu auch eine Begebenheit mit dem Konfliktpartner berichten können. Soll ich dann alle reden lassen?**

Nein! Es ist wichtig, dass die Schüler lernen, beim Thema zu bleiben. Dazu muss der Moderator seine Rolle wahrnehmen und immer wieder (wertschätzend) Grenzen setzen. Dazu kann man einen Schüler fragen: „Denkst du, dass dein Beitrag für diesen Konflikt zwischen Peter und Paul wichtig ist?" So lernen die Schüler, selbst zu entscheiden, ob ihr Beitrag hilfreich ist. Gelingt die Selbststeuerung noch nicht, kann man auf die begrenzte Zeit hinweisen und sagen: „Ich bin sicher, dass dein Beitrag für dich sehr wichtig ist. Aber du weißt, wir haben nur eine Stunde Zeit, und deshalb möchte ich, dass wir uns jetzt ganz auf den Streit zwischen Peter und Paul konzentrieren."

III Konflikterhellung

Nachdem beide Parteien ihre Sicht der Dinge dargelegt und dabei erfahren haben, dass beide Sichtweisen ernst genommen wurden, ist der nächste Schritt, die Hinter- (oder Unter- oder Beweg-)gründe des Konflikts und der Beteiligten zu beleuchten. Dazu gehören einerseits die Gefühle. Durch einfühlendes Zuhören muss die **Gefühlsebene** beider Seiten angesprochen werden.

„Paul, wie ging es dir dabei? Wie hast du dich gefühlt?"

„Peter, wie ging es dir dabei? Wie hast du dich gefühlt?"

Schüler haben manchmal wenig Zugang zu ihren Gefühlen. Sie sagen: schlecht, cool oder doof. Dann hilft einfühlendes Zuhören, indem man die Äußerung wiederholt und versucht, das Gefühl zu benennen: „Hört sich an, als hättest/wärst du ganz schön wütend/enttäuscht/ängstlich/unzufrieden ..."

Die Gefühlsebene muss deshalb unbedingt berücksichtigt werden, weil dadurch den Konfliktparteien klar wird, was das eigene Verhalten auf der Gefühlsebene auslöst. Gefühle lassen sich auch nicht diskutieren. Wenn etwa Paul zu Peter sagt: „Du bist ein Hornochse!" und Peter daraufhin anfängt zu weinen, ist klar, dass Paul ein trauriges Gefühl ausgelöst hat – auch wenn Paul selbst das Schimpfwort vielleicht „gar nicht so schlimm" findet.

Andererseits müssen auch die **Bedürfnisse und Absichten der Beteiligten** betrachtet werden.

 Streitende nacheinander fragen:
„Was wolltest du erreichen?" oder *„Was hättest du gebraucht?"* oder *„Was ging dir durch den Kopf?"*

Die Frage nach den zugrunde liegenden Bedürfnissen oder Absichten der Beteiligten ist die wichtigste im ganzen Moderationsprozess: Denn nur wenn das Bedürfnis klar wird, kann auch eine passende Lösung gefunden werden. Die Frage ist zugleich auch die schwierigste.

Viele Schüler (nicht zuletzt die, die immer wieder zu **körperlicher Gewalt** greifen) können ihre Bedürfnisse oder Absichten nicht versprachlichen, weil sie ihnen auf einer bewussten Ebene nicht zugänglich sind. Wie beim Eisberg schaut nur ein kleines Stück Verhalten oben aus dem Wasser, das Eigentliche liegt aber tief unter der Wasseroberfläche. Auch hier kann der Moderator durch aktives einfühlendes Zuhören helfen, Bedürfnis und Absicht herauszufinden. Gerade bei diesen Schülern muss man mit den Fragen experimentieren. Wenn auf die Frage „Was wolltest du erreichen?" keine Antwort kommt, ist man manchmal mit „Was hättest du gebraucht/dir gewünscht?" oder mit „Was ging dir durch den Kopf?" erfolgreich. „Warum-Fragen" hingegen sind selten hilfreich.

Den meisten Schülern ist der Grund ihres Handelns gar nicht bewusst und sie antworten (gerade in der Grundschule) gern mit „Weil ...". Darüber hinaus erinnert eine Frage wie „Warum hast du das getan?" gerne an ein **Verhör**. Der Schüler fühlt sich in einer unterlegenen Position und wird unter Umständen die weitere Mitarbeit verweigern. Besser, im Sinne von hilfreicher im Rahmen der Konfliktmoderation, ist es, sich von der Frage des „Wozu?" („Wozu sollte diese Handlung/dieses Verhalten dienen?") leiten zu lassen. Das hilft auch dem Moderator, nicht in die Rolle des Anklägers zu verfallen, sondern jedes Verhalten so zu verstehen, dass es für den, der sich so verhält, ein sinnvolles Verhalten zur Lösung eines Problems ist.

FAQs

▶ **Was soll ich machen, wenn die Beteiligten gar keine Absicht für ihr Verhalten benennen können?**

Wenn ein Schüler trotz aktiven Zuhörens keine Absicht benennen kann (oder will) – was allerdings sehr selten vorkommt –, ist es meist nutzlos, darauf zu beharren. Dann kann man noch einmal auf die Wichtigkeit dieses Schrittes für die Lösung hinweisen („Wenn wir jetzt gar nicht wissen, was du erreichen wolltest/was du dir gewünscht hättest, können wir viel schlechter gute Ideen für die Lösung eures Streites entwickeln."), gleichzeitig kann man sagen, dass er ja noch einmal nachdenken könne („Vielleicht fällt es dir später noch ein."), und zum nächsten Punkt übergehen. Denn die Konfliktmoderation im Klassenrat ist kein Verhör und die Beteiligten, nicht der Moderator, bestimmen, was be- und gesprochen wird.

In der Phase der Konflikterhellung ist es gerade bei immer wiederkehrenden Auseinandersetzungen mit denselben oder ähnlichen Beteiligten wichtig, einen Blick auf das **Muster** zu werfen, nach dem ein Konflikt entsteht. Sobald Menschen in einem System zusammenleben und -arbeiten, organisiert sich ihr Handeln in bestimmten Mustern. Dazu gehören auch Konfliktmuster. Manchmal entstehen unter Schülern Muster, die wie ein Spiel nach festgelegten Regeln ablaufen. Die Streitinhalte sind zwar meist unterschiedlich (mal wird ein Stift weggenommen, dann ein Buch, beim nächsten Mal die Mütze), aber der Ablauf ist immer gleich. Hier kann man auch die nicht Beteiligten einmal nach ihrer Einschätzung fragen, denn sie wissen oft ganz genau, nach welchen Regeln das Spiel ablaufen wird. Die Streitparteien fragt man danach, welchen **Anteil** sie ihrer Meinung nach **an der Konfliktentstehung** haben.

 „Paul, was denkst du, hat Peter zur Entstehung des Streits beigetragen? Und was hast du dazu beigetragen?"

„Peter, was denkst du, hat Paul zur Entstehung des Streits beigetragen? Und was hast du dazu beigetragen?"

IV Perspektivenwechsel

Beim Perspektivenwechsel ist die **Empathiefähigkeit** der Beteiligten gefragt. Es geht darum, dass jede Seite sich in die Lage der anderen Seite während des Streits einfühlt und dabei spürt (nicht nur hört), wie das wäre, an der Stelle des anderen zu sein.

 „Paul, was denkst du, wie es Peter bei dem Streit ging/wie es ihm jetzt geht?"

„Peter, was glaubst du, wie es Paul bei dem Streit ging/wie es ihm jetzt geht?"

Dabei spüren die Beteiligten sehr schnell, dass ihr eigenes Handeln Auswirkungen auf andere hat und dass diese Auswirkungen nicht immer sehr angenehm sind. Grundlage ist die **alte Weisheit** „Was du nicht willst, dass man dir tu, das füg auch keinem anderen zu." Die Schüler begreifen in der Regel sehr schnell, dass die Beherzigung dieses Grundsatzes für alle zu einem besseren Miteinander führt.

Da Empathiefähigkeit erst ausgebildet werden muss, brauchen die Schüler neben vorbereitenden Übungen (s. auch Kap. 5) ein **Vorbild**, das empathisch mit ihnen umgeht, und unterstützende Erfahrungshilfen. Wenn das Einfühlen sehr schwerfällt, kann man die beiden Seiten z.B. **Plätze tauschen** lassen und sagen: „Peter, nur mal angenommen, du wärst jetzt Paul, wie würdest du dich fühlen?" Weitere Möglichkeiten: eine kurze **Fantasiereise** machen, ein Namensschild mit dem Namen des anderen anheften, die „Brille des anderen" aufsetzen oder Ähnliches.

FAQs

⤵ Schüler sind doch erst ab etwa 12 Jahren empathiefähig!

Diese Meinung der Entwicklungspsychologie ist weit verbreitet und vielleicht sogar wissenschaftlicher Konsens. Die neuere Hirnforschung weist jedoch darauf hin, dass sich Einfühlungsvermögen ab der Geburt durch entsprechende Prägung entwickelt. Auch unsere Erfahrungen mit unterschiedlichen Schülern in Grundschulen und weiterführenden Schulen zeigt, dass die Fähigkeit, sich einzufühlen, nicht ausschließlich vom Alter abhängig ist. Wir gehen davon aus, dass in allen Klassenstufen, in denen der Klassenrat durchgeführt wird, die Empathiefähigkeit weiterentwickelt wird und auch junge Schulkinder immer wieder angehalten werden sollten, sich in ihre Mitmenschen (und sich selbst) einzufühlen.

Die zuvor beschriebenen **drei Schritte der Konfliktmoderation** (Beschreibung des Konflikts, Konflikterhellung, Perspektivenwechsel) sind in der realen Situation oft nicht so klar voneinander zu trennen. Auch laufen sie nicht unbedingt nacheinander ab, sondern überlagern sich. Dennoch erschien es uns wichtig, sie einzeln darzulegen, um gerade Lehrkräften mit noch nicht so viel Erfahrung in diesem Bereich einen Leitfaden zu geben. Alle drei Schritte sind im Ablauf des Klassenrats unter der Überschrift „Besprechung des Problems/Anliegens" zusammengefasst.

Stell dir vor, du wärst (Paul) ...

V Lösungen suchen

Bevor man in die Lösungssuche einsteigt, empfiehlt es sich für den Moderator, noch einmal kurz die **Sachlage** (Konflikt, Gefühle, Bedürfnisse/Absichten), die sich in der vorangegangenen Phase gezeigt hat, zusammenzufassen („Wir haben jetzt herausgefunden, dass ..."). Anschließend werden die Beteiligten und die gesamte Klasse aufgefordert, mögliche Lösungen zu suchen.

 „Was könnten Peter und Paul machen, um ihren Konflikt zu lösen/damit es ihnen besser geht/damit sie beim nächsten Mal anders mit der Situation umgehen können?"

Dazu verwendet man die kreative Methode des **Brainstormings**, die man den Schülern zuvor erklären sollte.

> **Beim Brainstorming darf jeder unzensiert seine Vorschläge zum Thema in die Runde werfen. Dabei ist es wichtig, dass die Vorschläge nicht bewertet werden (weder von der Lehrkraft noch von den Mitschülern)!**

Die Brainstorming-Methode funktioniert nur, wenn jeder sicher sein kann, dass sein Vorschlag wertschätzend aufgenommen wird. Auch scheinbar abwegige Vorschläge sind erlaubt, ja sogar erwünscht, denn hier geht es ja um ein möglichst breites Spektrum an Möglichkeiten. Jede Idee zieht meist eine andere nach, und so entsteht eine **kreative Atmosphäre des guten Miteinanders**. Die Lösungssuche macht den Schülern in der Regel viel Spaß. Je nach Klasse sollte man jedoch darauf hinweisen, dass nur Vorschläge erlaubt sind, die sich innerhalb der Schulordnung bewegen. Ein Vorschlag wie „Paul schlägt Peter zusammen." ist natürlich u.U. eine mögliche Lösung, sie bewegt sich aber außerhalb der akzeptablen Verhaltensweisen an einer Schule.

Wenn viele **Vorschläge** kommen, ist es gut, sie irgendwo **aufzuschreiben** (Tafel, Moderationskarten, Protokollbuch), damit man nichts vergisst. Wenn keine Vorschläge kommen, kann man die Klasse in Gruppen bitten, Vorschläge zu suchen und auf Kärtchen zu schreiben (immer ein Vorschlag pro Karte).

FAQs

▶ **Was tue ich, wenn nur Vorschläge kommen, bei denen nur eine Partei etwas tun soll?**

Da Konflikte und Streitigkeiten stets aus einer Interaktion zwischen zwei oder mehreren Personen entstehen, haben immer auch beide einen Anteil daran. Dabei sollte man keinesfalls in Kategorien von Schuld oder Unschuld denken, sondern hilfreicher sind Überlegungen, was jeder zur Konfliktentstehung beigetragen hat. In der Phase der Konflikterhellung ist ja in der Regel klargeworden, dass beide Seiten einen Anteil an der Entstehung des Konflikts haben. Darauf kann man an dieser Stelle zurückkommen und die Konfliktparteien fragen: „Was bist du bereit zu tun? Was wünschst du dir vom anderen?"

▶ **Was mache ich, wenn gar keine Vorschläge kommen?**

Der Moderator ist nicht für die Lösungen zuständig (obwohl er als Teilnehmer am Klassenrat natürlich auch Vorschläge einbringen darf). Deshalb sollte er die Verantwortung an die Klasse zurückgeben und fragen: „Was machen wir jetzt?" Hier gilt es, darauf zu achten, dass dies nicht als Vorwurf geschieht, sondern als ganz normales Vorgehen betrachtet wird. Wenn keine Lösungsvorschläge kommen, kann es durchaus sein, dass das ursprünglich vorgebrachte Problem gar nicht das eigentliche ist. Dann helfen hypothetische Fragen („Könnte es sein, dass wir eigentlich über ein anderes Problem sprechen sollten?") oder auch Einzelgespräche.

VI Lösungen bewerten und auswählen

Sind alle Lösungsvorschläge genannt, die den Schülern einfallen, wiederholt der Moderator nochmals alle Vorschläge. Jetzt geht es darum, die Lösungen zu bewerten. Dazu gibt es zwei **unterschiedliche Vorgehensweisen**. Man streicht die unrealistischen und die für beide nicht akzeptablen Lösungen und arbeitet mit den verbliebenen weiter. Dazu liest man die Lösungen einzeln vor und fragt jeweils:

 „Paul, kannst du dieser Lösung zustimmen?"

„Peter, kannst du dieser Lösung zustimmen?"

Sobald einer der Beteiligten die Lösung ablehnt, wird sie gestrichen. Bei der anderen Möglichkeit suchen die Beteiligten direkt die Lösungen aus, die für sie jeweils **akzeptabel** sind. Dazu nennt man jeweils die Vorschläge, fragt nach der Zustimmung und markiert sie als annehmbar.

 „Welchem Vorschlag könnt ihr beide zustimmen?"

Die Vorschläge, die für beide annehmbar sind, werden nun genauer betrachtet. So sollte man gemeinsam mit den Beteiligten und der Klasse überlegen, welche **Folgen und Auswirkungen** die Lösung hat. Sind andere beteiligt, deren Einverständnis wir brauchen? Passt die Lösung zu den „Werten" unserer Schule, den gesetzlichen Vorgaben, dem Recht auf körperliche und psychische Unversehrtheit? Ist die Lösung „fair"? Dann entscheiden die Konfliktparteien, welche **Lösung** sie **ausprobieren** möchten.

 „Peter und Paul, auf welche Lösung wollt ihr euch einigen?"

Da ja jetzt nur noch für beide akzeptable Lösungen übrig sind, ist die **Einigung** in der Regel schnell erreicht. Dennoch sollte man unbedingt nochmals ausdrücklich nachfragen, ob beide Seiten mit dieser Lösung einverstanden sind, und die Körpersprache beachten. Eine Lösung ist nur dann gut, wenn beide mit echter Überzeugung zustimmen. Eine Zustimmung, die nicht echt ist, wird dazu führen, dass der Konflikt wieder aufbricht.

FAQs

▶ Was mache ich, wenn die Schüler eine Lösung finden, die gegen die Schulordnung verstößt?

In der Phase der Lösungsbewertung kann man die Schüler fragen, welche Lösungen realisierbar sind. Da die Schüler meist genau wissen, was geht und was nicht, werden sie diese Lösung selber aussortieren. Ist dies nicht der Fall, muss die Lehrkraft klarmachen, dass diese Lösung nicht realisierbar ist. Sie sollte dann auch erklären, warum diese Lösung nicht umgesetzt werden kann.

▶ Muss ich eine Lösung mittragen, die ich selbst nicht gut finde?

Wenn die Lösung Sie selbst betrifft (d.h. Sie selbst müssen etwas tun oder es ist für Sie ein Aufwand damit verbunden – z.B. heißt die Lösung: Sie als Lehrkraft sprechen mit dem Kollegen XY, weil der zu viele Hausaufgaben gibt), dann sollten Sie entscheiden, ob Sie diese Lösung mittragen wollen. Wollen Sie das nicht, dann sagen Sie das deutlich und erklären auch, warum Sie das nicht wollen (Ich-Botschaft!). Dann müssen die Schüler eine andere Lösung finden.

Betrifft die Lösung Sie aber nicht direkt (d.h. Sie sind bei der Durchführung nicht beteiligt, Sie finden aber die Lösung aufgrund Ihrer eigenen Werte nicht „gut"), sollten Sie die Verantwortung bei den Beteiligten belassen. Wenn die damit zufrieden sind, ist erreicht, was die Moderation beabsichtigt: Die Konfliktbeteiligten haben eine für sie selbst passende Lösung gefunden. Selbst wenn Sie als Lehrer dieser Lösung nicht zugestimmt hätten, kann sie für die Beteiligten die richtige sein. Viele Wege führen nach Rom und noch mehr Wege führen zu einer guten Lösung.

Tipp:
Behalten Sie Ihre Bedenken für sich! Es ist für die Schüler viel motivierender, wenn Sie stattdessen sagen: „Ich freue mich, dass ihr ein Lösung gefunden habt, mit der ihr beide zufrieden seid!"

VII Vereinbarung treffen

Sobald die Entscheidung für eine Lösung gefallen ist, muss genau festgelegt werden, wie die **Lösung durchgeführt** wird (Wer tut was genau mit wem bis wann?). Je jünger die Schüler sind, umso kleinschrittiger sollte das Vorgehen besprochen werden. Wenn also das Problem darin bestand, dass ein Kind sich in der Pause in das Spiel der anderen hineingedrängt hat, und die Lösung heißt, dass das Kind fragt, wenn es mitspielen möchte, dann kann man besprechen, was genau das Kind sagt und tut. Das kann man anschließend noch im Rollenspiel einüben. Auf jeden Fall wird die Vereinbarung im Protokoll festgehalten, damit man in den nächsten Wochen, beim nächsten Klassenrat überprüfen kann, ob die Vereinbarung eingehalten wurde und alle Beteiligten mit der Lösung zufrieden sind.

Mit der Vereinbarung und Planung der Lösungsdurchführung ist die **Konfliktmoderation abgeschlossen**. Jetzt müssen die Beteiligten sie selbst umsetzen.

Tipp:
Zum Thema Konfliktmoderation gibt es ein breites Literaturspektrum. Einige Werke finden Sie im Literaturverzeichnis am Ende des Buches. Wir empfehlen Ihnen, auf jeden Fall auch praktisch zu üben. Dazu kann eine Fortbildung oder eine kollegiale Übungsgruppe sehr hilfreich sein.

FAQs

▶ **Das dauert doch alles viel zu lange!**

Wir haben die einzelnen Schritte sehr ausführlich erklärt, damit Sie vielleicht auch ohne eine gesonderte Fortbildung (die wir allerdings empfehlen) mit dem Klassenrat beginnen können. In der Realität geht die Moderation häufig viel schneller, da nicht immer jeder Teilschritt ganz ausführlich nötig ist. Je besser sich dann die Schüler mit der Methode auskennen, umso weniger müssen Sie erklären (z.B. Ablauf der Moderation, Regeln oder Brainstorming).

▶ **So schaffe ich ja höchstens einen Konfliktfall im Klassenrat. Was mache ich mit den anderen Anliegen?**

Das ist am Anfang tatsächlich so. Meist schafft man nur einen Fall, höchstens zwei – jedenfalls bis die Schüler die Methode besser kennen. Da aber immer das jeweils wichtigste Anliegen besprochen wird, bleiben die weniger wichtigen zunächst liegen. Sie werden aber beim nächsten Klassenrat wieder mit auf die Liste der Anliegen genommen. Oft haben sich dann einzelne Anliegen von allein erledigt, sodass die Liste auch wieder kürzer wird. Je länger man den Klassenrat durchführt, umso mehr merken die Schüler auch selbst, dass sie sich kurz fassen müssen. Gerade in der Phase der Beschreibung des Konflikts sollten Sie auch immer wieder leitend eingreifen und keine Problemausweitungen zulassen (wie etwa: „Im letzten Jahr ging es mir auch mal so wie Paul. Da war ich bei meiner Oma und ...").

▶ **Was mache ich, wenn alle Lösungsvorschläge abgelehnt werden?**

Wenn die Beteiligten alle Vorschläge ablehnen, liegt es u.U. daran, dass das Anliegen noch nicht wirklich geklärt ist, dass also die Lösungsvorschläge nicht das eigentliche Problem lösen. Dann ist es wichtig, Ruhe zu bewahren. Denken Sie daran: Nicht Sie sind für die Lösung verantwortlich! In dieser Situation kann man z.B. noch einmal in die Phase „Besprechung des Anliegens" zurückgehen und es von einer anderen Seite beleuchten. Wenn die Zeit knapp ist, bittet man die Beteiligten oder die ganze Klasse, bis zum nächsten Klassenrat weitere Lösungsvorschläge zu finden. Diese werden dann bei der nächsten Sitzung besprochen.

Voraussetzungen bei den Schülern

Der Klassenrat kann in der Regel in jeder Klasse durchgeführt werden, in der auch regulärer Unterricht möglich ist. Dennoch ist es hilfreich, wenn auch die **Schüler über gewisse Kompetenzen verfügen,** bevor man mit dem Klassenrat beginnt. Diese und alle weiteren wünschenswerten Kompetenzen werden natürlich auch durch den Klassenrat selbst **weiterentwickelt** und **vertieft** oder können quasi „on the job" durch entsprechende Übungen geschult werden (s. Kap. 5 „Die Schüler auf den Klassenrat vorbereiten").

Regeleinhaltung

Unabdingbar für die Durchführung der Klassenratssitzungen ist die Fähigkeit der Beteiligten, sich an die abgesprochenen **Regeln** zu halten. Das ist die Voraussetzung für jedes sinnvolle Zusammenarbeiten in der Klasse. Normalerweise sind die meisten schulfähigen Kinder in der Lage, sich an die für den Klassenrat wichtigen Regeln (zu den Regeln s. auch Kap. 3 „Regeleinführung") zu halten. In der Grundschule empfiehlt es sich, je nach Klasse, zum Start in der 1. Klasse die Regeleinhaltung einzuüben, bevor man mit dem Klassenrat beginnt (s. Kap. 5). Da im Klassenrat viel miteinander geredet wird, ist insbesondere die Einhaltung der **Gesprächsregeln** wichtig.

Auch in höheren Klassen gibt es jedoch immer wieder Schüler, die Probleme bei der Regeleinhaltung haben. Deshalb empfiehlt es sich, für sich und mit der Klasse zu klären, wie der Klassenrat mit **Regelverletzungen** umgehen will. Normalerweise gibt es in jeder Klasse bestimmte Vorgehensweisen, die man übernehmen kann, oder man entwickelt spezielle für den Klassenrat. Grundansatz sollte dabei sein:

„Der Klassenrat ist der Ort, wo die Anliegen der Klasse besprochen werden. Um das tun zu können, haben wir gemeinsam Regeln festgelegt. Jeder hat es selbst in der Hand, ob er an den Besprechungen im Klassenrat teilnimmt, indem er sich an die Regeln hält. Wer sich wiederholt

gegen die Einhaltung der Regeln entscheidet, zeigt damit, dass er nicht an der Klassengemeinschaft und den gemeinsamen Entscheidungen im Klassenrat teilnehmen will. Er wird also mit einer anderen Aufgabe betraut (z.B. etwas abschreiben, zusätzliche Aufgaben lösen o. Ä.)."

Zuhören

Die Kommunikation im Klassenrat läuft in weiten Teilen über **Reden und Zuhören**. Die Schüler sollten deshalb in der Lage sein, über einen bestimmten Zeitraum (z.B. eine Schulstunde) bei der Sache zu bleiben, zuzuhören und das Gehörte zu verarbeiten. Da der Klassenlehrer seine Schüler ja kennt, kann er am besten einschätzen, über welchen Zeitraum die Schüler „dabeibleiben". So kann man die Länge des Klassenrats auch langsam steigern (z.B. in der Grundschule) oder zwischendurch Bewegungsübungen einstreuen. Spezielle Übungen, um das Zuhören zu entwickeln, finden Sie in Kap. 5. Erfahrungsgemäß sind die Schüler jedoch sehr engagiert bei der Sache, weil es im Klassenrat ja um ihre eigenen Anliegen geht. Selbst in Klassen, in denen das Zuhören sonst ein Problem ist, funktioniert das Zuhören im Klassenrat oft ohne Schwierigkeiten.

■ Freies Reden

Auch die andere Seite der Kommunikation, das Reden, ist im Klassenrat wichtig und wird ständig geübt. Um überhaupt ins Gespräch zu kommen, muss die **Bereitschaft** da sein, sich an den Diskussionen im Klassenrat zu beteiligen. Je jünger die Schüler, desto freier und unbeschwerter gehen sie an die Gespräche im Klassenrat heran. Beginnt man erst in höheren Klassen (ab 7. Klasse), kann es sein, dass die Schüler nicht mehr so frei reden. Sie genieren sich vielleicht (Was denken die Mitschüler? Was denkt der Lehrer?) oder befürchten, dass die Äußerungen im Klassenrat sich negativ auf die Noten auswirken. Hier muss die Lehrkraft unbedingt klarmachen, dass **Unterricht und Klassenrat zwei unterschiedliche Bereiche** sind – und sie muss sich auch so verhalten!

Bei älteren Schülern dauert es daher häufig eine Weile, bis sie sich sicher sind, dass das Angebot, im Klassenrat ihre Anliegen einzubringen und mit zu entscheiden, auch echt ist und nicht nur ein neuer Trick, um die Interessen des Lehrers durchzusetzen. Wenn Schüler merken, dass die Brücke, auf die sie eingeladen wurden, trägt, beteiligen sie sich in der Regel gern und intensiv. Der Übergang in die Phase der älteren Schüler gelingt umso leichter, je früher die Schüler mit dem Klassenrat vertraut gemacht sind und ihn als positive Einrichtung kennengelernt haben: Hier werde ich mit meinen Gedanken, Ideen und Problemen ernst genommen und als Person respektiert.

Sehr selten gibt es Schüler, die sich gar nicht am Gespräch im Klassenrat beteiligen (häufig Schüler, die auch im Unterricht still sind). Gerade diesen Schülern bringt der Klassenrat viel, wenn sie erleben, dass ihre Meinung erfragt und wichtig genommen wird. Sie können sich hier **ohne Notendruck** erproben. Die Lehrkraft sollte darauf achten, dass stille Schüler die Gelegenheit erhalten, ihre Ansicht darzulegen. Insbesondere die „Positive Runde" kann genutzt werden, um die mündliche Kommunikation einzuüben.

Der Klassenrat

Einführung des Klassenrats

Wenn ein Lehrer sich entscheidet, den Klassenrat einzuführen und ihn dann regelmäßig durchzuführen, empfiehlt es sich, die Einführung zu planen und die Schüler mit dem Klassenrat vertraut zu machen. Diese **Einführungsphase** kann ein, zwei oder auch drei Sitzungen umfassen – je nachdem wie intensiv man arbeiten möchte. Thematisiert werden sollte hier zunächst, was der Klassenrat eigentlich ist und warum man ihn einführen möchte. Danach sollte man den **Ablauf** vorstellen und mit den Schülern die **Regeln** des Klassenrats festlegen. Auch der **Umgang mit Konflikten** (Ablauf der Konfliktmoderation) sowie die **technischen Fragen** (s. Kap. 3 „Vorüberlegungen") müssen angesprochen werden.

Wer allerdings den Klassenrat als Disziplinierungsinstrument für Einzelne oder eine ganze Klasse oder als eine subtile Methode versteht, die Schüler endlich dahin zu bringen, wo man sie hinhaben will, der sollte lieber davon Abstand nehmen.

Sinn des Klassenrats

Da der Klassenrat auf die **Kooperation der Schüler** baut, ist es unabdingbar, ihnen zu erklären, was der Klassenrat ist und warum die Lehrkraft ihn einführen will.

Vom Grundgedanken her sollte im Vordergrund stehen, dass sowohl Lehrer wie auch Schüler sich in der Schule wohl fühlen wollen und dass es deshalb wichtig ist, Dinge gemeinsam zu besprechen, die alle angehen. Die Lehrkraft sollte auch gleich zu Beginn deutlich machen, dass der Klassenrat nur funktioniert, wenn **alle daran mitarbeiten**, und dass der Klassenrat nicht dazu da ist, die Meinung des Lehrers an die Schüler zu bringen. Sicher wird jede Lehrkraft auch ihre ganz persönlichen Beweggründe haben, den Klassenrat einzuführen, und diese den Schülern im Sinne von klarer Kommunikation mitteilen.

Ablauf

Wenn die Schüler grundsätzlich mit der Einführung des Klassenrats einverstanden sind, sollte der Lehrer ihnen den Ablauf (s. Kap. 3 „Ablauf und Struktur des Klassenrats") vorstellen. Dazu werden die einzelnen Phasen am besten kurz erklärt und dann visualisiert (Plakat). Unterstützend kann man die einzelnen Schritte auf je ein (buntes) DIN-A4-Blatt schreiben, laminieren und dann jeweils im Stuhlkreis auf den Boden legen. Damit kann man auch, solange die Schüler mit der Struktur noch nicht so vertraut sind, die jeweilige Phase des Klassenrats anzeigen. Eine einfache Version der **Phasenblätter** und **Beispiele für Anliegenzettel** finden Sie als Kopiervorlage im Anhang (s. Kopiervorlagen K7 – K13). An dieser Stelle kann man auch schon den Redegegenstand einführen.

◼ Regeleinführung

Wie im normalen Unterricht ist es wichtig, dass sich die Klasse Regeln für den Klassenrat gibt. Diese Regeln können ein Ausschnitt aus den Klassen- oder Gesprächsregeln sein oder gesondert eingeführt werden. Auf jeden Fall sollte man im Rahmen der Einführung des Klassenrats an die **Wichtigkeit der Regeln** erinnern. Bewährt haben sich insbesondere die beiden folgenden Regeln, die im Grunde schon ausreichend sind:

▶ Ich rede nur, wenn ich den Redegegenstand habe.
▶ Ich rede von mir und nicht über andere.

Erweitert werden kann der **Regelkanon des Klassenrats** noch um diese Regeln:

▶ Ich höre zu, wenn ein anderer spricht.
▶ Ich melde mich, wenn ich etwas sagen möchte.

Auf einem Plakat könnten sich also diese Regeln finden:

1. **Ich rede nur, wenn ich ... (den Rede-gegenstand) habe.**

2. **Ich höre zu, wenn ein anderer spricht.**

3. **Ich melde mich, wenn ich etwas sagen möchte.**

4. **Ich rede von mir, nicht über andere (d.h. Beleidigungen sind verboten).**

Für die **Formulierung** der Regeln gilt:

▶ **Ich-Form ist besser als Wir-Form ist besser als Man-Form!**
„Ich höre zu ..." besser als *„Wir hören zu ..."* besser als *„Man hört zu ...",* da der Aufforderungscharakter eines Ich-Satzes viel höher ist.

▶ **Positive Sätze sind besser als negative Sätze!**
Z.B. *„Ich höre zu, wenn ein anderer spricht."* statt *„Ich rede nicht mit meinem Nachbarn."*
Negativ formulierte Sätze verankern das unerwünschte Verhalten noch zusätzlich im Kopf.

▶ **5 Regeln sind genug!**
Mehr kann man sich nicht auf einmal merken und am Ende wird keine einge-halten.

▶ **Visualisierung hilft bei der Regel-einhaltung.**
Ein Plakat im Klassenzimmer macht die Regeln „präsent" und vereinfacht das Verweisen auf die Regeln.

Für die Regelerarbeitung empfiehlt sich, die Regeln **gemeinsam** mit den Schülern zu **formulieren**, denn die selbst gefunde-nen Regeln werden eher eingehalten als vorgeschriebene. Hier kann man gleich mit der Idee des Klassenrats ernst ma-chen und den Schülern zeigen, dass man gemeinsam ein gutes Ergebnis für alle finden will. Darum sollten sich auch alle an der Formulie-rung beteiligen können.

Der Klassenrat

Vorüberlegungen mit den Schülern

Wenn man den Klassenrat vorgestellt und die Regeln besprochen hat, kann es eigentlich losgehen. Am besten beginnt man mit den in Kap. 3 genannten Vorüberlegungen zu den technischen Fragen (sofern der Lehrer nicht bereits darüber entschieden hat), z.B. wie die Anliegen gesammelt werden. An diesem eher wenig emotionalen Thema können die Schüler lernen, wie man im Klassenrat miteinander spricht (Redegegenstand, Regeln), und durchlaufen gleichzeitig exemplarisch die **Struktur des Klassenrats** mit Lösungssuche (Brainstorming), Bewertung und Entscheidung und Vereinbarung mit Protokoll. Hier kann man auch die Frage der Protokollführung oder weiterer Ämter (z.B. Rednerliste führen) besprechen.

Tipp:
Stellen Sie nichts zur Diskussion, was Sie für sich selbst bereits entschieden haben und was Sie nach Ihrer Entscheidung gemacht haben wollen.

Wenn Sie unbedingt ein Klassenratsbuch haben wollen, die Schüler aber einen Kasten, und am Ende entscheiden Sie, was gemacht wird, bekommen die Schüler den Eindruck, dass Sie ihnen nicht wirklich zutrauen, eine gute Lösung zu finden, und dass der Klassenrat vielleicht nur eine **Alibiveranstaltung** ist.

Konfliktmoderation kennenlernen

Nicht unbedingt notwendig, aber doch hilfreich ist es, wenn die Schüler auch den Ablauf der Konfliktmoderation kennen. Dies sollte nicht gleich in der ersten Klassenratssitzung besprochen werden, da die Schüler sonst den Eindruck bekommen, im Klassenrat gehe es ausschließlich um Konflikte. Aber sobald ein Konfliktanliegen in den Klassenrat eingebracht wird, kann man den Schülern die einzelnen Schritte erklären und diese gleich mit dem **aktuellen Fall** einüben. Auch hier empfiehlt es sich, den Ablauf zu visualisieren (Plakat), damit man später immer wieder darauf zurückkommen kann. Sollte ein intensiveres Üben mit der Klasse nötig sein, so finden Sie weitere Hinweise in Kap. 5.

Vorsicht: Nicht in Fallen tappen!

Die Durchführung des Klassenrats kann mit den oben beschriebenen Kompetenzen von allen Lehrkräften geleistet werden. Dennoch gibt es ein paar immer wieder auftretende **Fallstricke**, auf die es sich lohnt zu achten, damit der Klassenrat für Lehrer und Schüler eine positive Einrichtung bleibt. Fallstricke bzw. Fallen sind:

▶ Projektfalle
▶ Selektionsfalle
▶ Freiwilligkeitsfalle
▶ Neutralitätsfalle
▶ Lösungsfalle

Grundlage der Beschreibung der möglichen Fallen ist die Veröffentlichung von T. Grüner und F. Hilt.

Projektfalle

In vielen – gerade engagierten Schulen – reiht sich ein gut gemeintes Projekt ans andere. Meist hängen die Projekte vom persönlichen Engagement einzelner Lehrkräfte ab und sie werden beendet, wenn der Lehrer geht, er das Projekt „entnervt" aufgibt oder ein anderes Projekt beginnt. Wer den Klassenrat einführt, sollte sich deshalb zuerst fragen, ob er oder sie bereit ist, den Klassenrat auch über einen **längeren Zeitraum** (mindestens bis zum Schuljahresende) durchzuführen. Auch eine ganze Schule, die den Klassenrat einführt, kann in die Projektfalle tappen, wenn nicht eine **langfristige Einbindung** des Klassenrats **in das Schulprogramm** erfolgt. Günstig ist es, wenn sich die Lehrkräfte, in deren Klassen ein Klassenrat stattfindet, gemeinsam **fortbilden**, sich regelmäßig zum **Austausch** treffen und sich die Haltung, die den Klassenrat trägt, auch im allgemeinen Umgang miteinander, in der ganzen **Schulkultur**, niederschlägt.

Auch die Ausbildung von Schülern zu Klassenratsmoderatoren sollte über den kurzfristigen Projektcharakter hinausgehen und konzeptionell ins Schulprogramm eingebunden werden. Auch hier ist über die Ausbildung hinaus eine **Begleitung der Klassenratsmoderatoren** durch erfahrene Lehrkräfte unabdingbar. Regelmäßige Treffen der Moderatoren mit den begleitenden Lehrern und Besuche von Klassenratssitzungen in den Klassen der Moderatoren durch die begleitenden Lehrkräfte sind dabei sinnvoll und sollten von Beginn an eingeplant werden.

Selektionsfalle

Viele Lehrer meinen, dass der Klassenrat nur dann stattfinden muss, wenn es schwerwiegende Probleme oder Konflikte gibt. Sie möchten im Klassenrat am liebsten nur diese „wichtigen" Probleme besprechen und die unwichtigen schon vorher aussortieren („Muss ich denn jeden Kleinkram im Klassenrat besprechen?"). Durch die subjektive Unterscheidung in „wichtig" und „unwichtig" legt die Lehrkraft ihren eigenen (erwachsenen) **Maßstab** zugrunde. Sie wertet damit nicht nur die Wahrnehmung des Schülers ab, sondern nimmt ihm und der ganzen Klasse auch eine wertvolle Gelegenheit, zu lernen, wie man mit Anliegen und Konflikten konstruktiv umgehen kann. Die Lernchance, am kleinen Konflikt zu lernen und einzuüben, was wir alle im Großen können sollen, ist durch die Selektion vertan. Darüber hinaus ist die Bearbeitung „kleiner" Konflikte im Sinne einer **frühzeitigen Prävention** ungeheuer wichtig, denn aus kleinen unbearbeiteten Dingen werden manchmal schwerwiegende Probleme, die dann mit viel höherem Aufwand bearbeitet werden müssen.

Der Klassenrat

Freiwilligkeitsfalle

Ob ein Fall im Klassenrat besprochen wird, hängt davon ab, ob die Beteiligten der Besprechung zustimmen. Nun könnten sich einzelne Schüler, die vielleicht befürchten, dass die Besprechung für sie **unangenehm** enden könnte, komplett entziehen, indem sie die Behandlung eines Falles immer wieder ablehnen. Da die Schule aber immer auch erzieherische Aufgaben hat, hat auch die Freiwilligkeit ihre Grenzen. Die Freiwilligkeit gilt für den Klassenrat, aber nicht für das System „Schule" insgesamt. Lehnt also ein Schüler die Behandlung eines Anliegens im Klassenrat immer wieder ab, muss klar sein, dass die Lehrkraft sich auf andere Weise um das Anliegen kümmert. Möglichkeiten wären beispielsweise: Die Beteiligten werden zu Streitschlichtern geschickt, der Lehrer führt mit den Beteiligten Einzelgespräche oder er (oder eine andere Lehrkraft) führt eine Konfliktmoderation ohne die Klasse durch.

Neutralitätsfalle

Wenn die Lehrkraft im Klassenrat eine Konfliktmoderation anleitet, darf sie nicht parteiisch sein, sondern muss eine neutrale Haltung einnehmen. Dennoch erwarten die Schüler von Erwachsenen und insbesondere von ihrem Lehrer, dass er **Position bezieht** und seine **Werte** und die der Schulgemeinschaft klar vertritt. Für die Lehrkraft ist es deshalb wichtig, dass sie immer wieder klärt, in welcher Rolle sie gerade handelt: Als Konfliktmoderator bin ich neutral und allparteilich, als Erziehender stehe ich zu den eigenen Werten und denen der Schule und kommuniziere sie klar. Als Person, die

beide Rollen in sich vereint, kann der Lehrer die Klärungsprozesse im Klassenrat leiten und gleichzeitig die Bedürfnisse der ganzen Klasse in den Blick nehmen.

Lösungsfalle

Die Lösungsfalle ist im Klassenrat in doppelter Hinsicht präsent. Einerseits beschreibt sie die Gefahr, dass Lehrer den Klassenrat für die Lösung all ihrer Probleme halten („Jetzt machen wir schon drei Monate Klassenrat und wir haben immer noch jede Menge Konflikte in der Klasse."). Hier erliegen die Lehrkräfte der Illusion, dass es ein konfliktfreies Zusammenleben der Menschen geben könnte. Im Gegenteil: Wo Menschen zusammenleben und -arbeiten, gibt es unabwendbar Konflikte.
Und nach der Einführung des Klassenrats nehmen die Konflikte manchmal scheinbar noch zu, weil Auseinandersetzungen aus dem „Untergrund" ans Tageslicht geholt und so überhaupt bearbeitet werden können. Der Klassenrat versteht **Konflikte als Lernchance** und unterstützt die Schüler, diese angemessen auszutragen und tragfähige Lösungen zu finden.

Andererseits gehen Lehrkräfte immer wieder in die Falle, ihre eigene Lösung für ein bestimmtes Anliegen für die einzig richtige und akzeptable zu halten. Schüler sind aber oft sehr **unkonventionell** bei der Lösungssuche und einigen sich im Klassenrat immer wieder auf Lösungen, die für sie okay, die aber für den Lehrer undenkbar sind. Wenn die Lehrkraft von der gefundenen Lösung nicht betroffen ist, kann sie beruhigt zusehen, wie sich die Lösung für die Beteiligten entwickelt, und die Verantwortung bei den Schülern belassen.

Schüler leiten
den **Klassenrat**

Ein weiterer Schritt in der Einrichtung eines Klassenrats ist es, die Schüler zunehmend zu **Moderatoren** und damit zu **Leitern von Klassenratssitzungen** auszubilden. Durch diesen Schritt werden die Schüler zunehmend **selbstständiger** und Sie als Lehrer können sich weiter zurücknehmen, obwohl die Gesamtverantwortung weiterhin bei Ihnen bleibt.

Konzept zur Ausbildung von Klassenratsmoderatoren

In Klassen und Schulen, die den Klassenrat regelmäßig praktizieren, wächst nach einiger Zeit der Wunsch, die Schüler vermehrt in die Leitung und Moderation des Klassenrats einzubeziehen. Dies ist folgerichtig der nächste Schritt, um den Klassenrat noch mehr zur **Sache der Schüler** selbst zu machen. Bei der Ausarbeitung des Konzepts und bei der ersten Durchführung der Ausbildung von Klassenratsmoderatoren hat uns Udo Ebert von der schulpsychologischen Abteilung des damaligen Oberschulamts (jetzt Regierungspräsidium) Karlsruhe unterstützt. Ihm verdanken wir das Grundgerüst der Ausbildung, das wir in den letzten Jahren immer weiter ausgebaut haben.

Während die Schüler in der Grundschule meist eher einzelne Elemente übernehmen (geeignet ist z.B. die Positive Runde zu Beginn oder – nach entsprechender Übung – die Themensammlung), bietet sich in der weiterführenden Schule ab Klasse 6 die Ausbildung von Klassenratsmoderatoren an. Nachdem in der **Klasse 5** der Klassenlehrer (oder ein anderer Lehrer) den Klassenrat durchgeführt und von Fall zu Fall – ähnlich wie in der Grundschule – einzelne Elemente an Schüler delegiert hat, werden zu Beginn der **Klassenstufe 6** ausgewählte Schüler oder – wo dies möglich ist – die ganze Klasse zu Moderatoren ausgebildet. Die Ausbildung wird in beiden Fällen gleich sein können und soll Schüler befähigen, den Klassenrat selbstständig zu moderieren. Im Idealfall werden 16 bis 20 Schüler ausgewählt, die zwei bis drei Tage an einem Kompaktseminar teilnehmen, das von einer Kollegin und einem Kollegen geleitet wird.

▨ Vorbereitung

Die Ausbildung von Klassenratsmoderatoren macht nur dann Sinn, wenn diese ihre erworbenen Kenntnisse und Fähigkeiten anschließend **regelmäßig anwenden und erproben** können. Dazu ist eine grundsätzliche Entscheidung der Schule oder einzelner Klassen für den Klassenrat und für die Ausbildung von Klassenratsmoderatoren notwendig. Sind diese Entscheidungen gefallen, müssen die Rahmenbedingungen mit der Schulleitung abgeklärt werden:

▶ Wie viele Kollegen sind abkömmlich? Wann?
▶ Wird Hilfe von außen benötigt?
▶ Wie viel Geld steht zur Verfügung? (Sponsoren? Elternvertretung?)

Günstig ist es, mit der Gruppe das Schulgebäude zu verlassen, um schon mit dem **Ortswechsel** zu verdeutlichen, dass etwas anderes als der herkömmliche Unterricht stattfindet. Wir haben dabei gute Erfahrungen mit den Gemeinderäumen der örtlichen Kirchengemeinden gemacht.

Wenn Mädchen und Jungen an der Ausbildung teilnehmen, sollte auch das Leitungsteam mit Mann und Frau besetzt werden. Die **Gruppe** sollte mindestens zwölf, höchstens 20 Schüler umfassen. Bevor es losgehen kann, müssen noch die Schüler ausgewählt, die Eltern und das Kollegium informiert werden. Bei der Auswahl der Schüler muss einerseits die Klasse beteiligt sein. Auf der anderen Seite sollte sichergestellt werden, dass bei den zukünftigen Moderatoren als Grundkompetenz ein Mindestmaß an Kommunikationsfähigkeit vorhanden ist. Mögliche Vorgehensweisen zur **Schülerauswahl** sind: Die Klasse wählt – nach entsprechender ausführlicher Aufklärung, um was es geht – doppelt so viele Schüler aus, wie ausgebildet werden sollen. Der Klassenlehrer wählt dann aus diesen nach Rücksprache mit seinen Kollegen aus.
ODER
Man vertraut auf die Kompetenz der Klassengruppe und lässt diese allein wählen. Dann ist es hilfreich, vorab mit der Klasse zu klären, über welche Kompetenzen ein Klassenratsmoderator verfügen sollte.

Der Klassenrat

Ein Klassenratsmoderator sollte

▶ **gut zuhören** können,

▶ **andere verstehen** können,

▶ **gut formulieren** können,

▶ in der Klasse **akzeptiert** sein,

▶ **Probleme erkennen** können,

▶ **sich durchsetzen** können,

▶ **Regeln einhalten** und **durchsetzen** können,

▶ **neutral sein** können,

▶ **planen** können,

▶ **genau arbeiten** können,

▶ ...

Sind die Schüler, die an der Ausbildung teilnehmen, ausgewählt, werden deren Eltern informiert und deren Zustimmung eingeholt. Die Schüler werden in einer Vorbesprechung über Zeit, Ort, Ablauf der Ausbildung sowie mitzubringendes Material informiert.

■ Durchführung

Das Leitungsteam orientiert sich bei der Ausbildung am **Ablaufschema des Klassenrats**. Die einzelnen Schritte werden erklärt, durch Übungen ergänzt und in Rollenspielen erprobt und geübt. Zu bestimmten Schritten kommen spezielle Übungen hinzu, die die Kompetenzen einüben, die für diese Phase benötigt werden. Der Klassenratsmoderator sollte beispielsweise „aktiv" zuhören, sich in andere einfühlen und sich klar und akzeptabel mitteilen können.

■ Schritt in die Praxis

Die Schüler brauchen bei ihren ersten Versuchen **Begleitung** durch einen Kollegen, der erfahren in der Durchführung des Klassenrats ist. Wenn möglich, sollte bei den ersten Versuchen einer der ausbildenden Kollegen anwesend sein. Wenn die Schüler anfangs zu zweit oder zu dritt bei klarer

Aufgabenverteilung den Klassenrat leiten, gibt ihnen das zusätzliche Sicherheit.

Bereits in Kap. 1 haben wir auf die Rolle und die Verantwortung der Lehrkraft im Klassenrat hingewiesen. Dies gilt auch weiterhin. Wenn die Schüler den Klassenrat moderieren, liegt die Gesamtverantwortung aber nach wie vor beim Lehrer. Bei Disziplinproblemen beispielsweise sind Schüler meistens überfordert und benötigen Hilfe und Unterstützung.

■ Nachbereitung

In einer Art Fallbesprechungs- und Supervisionsgruppe sollten sich die Klassenratsmoderatoren alle vier bis sechs Wochen **mit** ihren **Ausbildern treffen**, um auftretende Schwierigkeiten und Probleme zu besprechen und nach Lösungen zu suchen. Wichtig ist auch hier die Positive Runde: Was hat alles gut geklappt?

■ Fortführung

Die so ausgebildeten und in der Praxis erprobten Klassenratsmoderatoren können in der 7. Klasse zu **Streitschlichtern** weitergebildet werden (vgl. Kap. 2). Sie verfügen bereits über eine ganze Reihe der Kompetenzen, die für Mediationsprozesse benötigt werden. Im Schulprogramm ergänzen sich der Klassenrat als primäres Instrument für das Arbeiten innerhalb der Klasse bestens mit der Streitschlichtung als Möglichkeit, auch klassenübergreifend oder bilateral Probleme zu lösen.

Ablauf der Ausbildung

Wir stellen zunächst den Gesamtablaufplan vor und gehen dann auf die einzelnen Phasen näher ein.

▨ Ablaufplan – Die Ausbildung von Klassenratsmoderatoren

Zeit	Inhalt	Wer	Methode/Material
	▶ Treffen an der Schule ▶ Anreise ▶ Begrüßung ▶ Einführung in den Programmablauf ▶ Einstieg: Spiel zum Kennenlernen		
	Klassenrat ▶ Was ist der Klassenrat? ▶ Aufgaben und notwendige Kompetenzen für Klassenratsmoderatoren		Blitzlicht Gespräch auf Folie/an Flipchart sammeln
	Die Schüler lernen den Ablauf einer Klassenratssitzung kennen 0. Vorbereitung 1. Eröffnung und Positive Runde 2. Überprüfung und Rückmeldung zu den Beschlüssen 3. Abfrage der zu klärenden Anliegen/Probleme 4. Besprechung des Anliegens/Problems 5. Lösungssuche und Vereinbarung 6. Protokoll der Beschlüsse		Plakat: Die einzelnen Schritte des Klassenrats werden vorgestellt. Grundregel: *„Es spricht nur eine/r, alle anderen hören zu."* Hilfsmittel „Redeball"; „Wuschel"
	Training Schritt 0: ▶ Vorbereitung: Was brauche ich? ▶ Eröffnung der Sitzung: Wie eröffne ich die Sitzung?		Kurz-Rollenspiele zur Eröffnung Klassenratsbuch, Lösungen vom letzten Mal, Protokoll, Ball/Wuschel, Glocke

▶▶▶▶▶

Training Schritt 1: ▶ Positive Runde(n): *„Ich finde gut, dass ..."* ***Kommunikative Kompetenzen I*** ▶ Zuhören: Kontrollierter Dialog		Positive Runde durchführen, Alternativen sammeln Kleingruppen Arbeitsblatt
Training Schritt 2: ▶ Überprüfung der Beschlüsse ▶ Vorlesen der Beschlüsse ▶ Frage an die Beteiligten: *Hat es geklappt?* ***Kommunikative Kompetenzen II*** ▶ Sich akzeptabel mitteilen können: Das missglückte Gespräch ▶ Wahrnehmung und Interpretation: Der Denker ▶ Gefühle erkennen und benennen: Pantomime ▶ Ich-Botschaften formulieren		Beispielfall Rollennamen anheften Übungen Arbeitsblätter
Training Schritt 3: Abfrage der zu klärenden Probleme ▶ Sollen die angemeldeten Probleme bespro- chen werden (Zustimmung aller Beteiligten einholen!) ▶ Probleme auf Karten sammeln ▶ Reihenfolge festlegen ***Kommunikative Kompetenzen III:*** ▶ Was sind Konflikte? – Interview ▶ Wie werden sie gelöst? – Spiel		Fortführung des Beispielfalls Abstimmung Moderationskarten von Mitschülern Arm drücken
Training Schritt 4: Besprechung der Probleme ▶ Jeder schildert das Problem aus seiner Sicht. ▶ Klärung der Fragen: Worin besteht das Problem? Wer hat es? Wie fühlen sich die Beteiligten? Was sind die Ziele der Beteiligten? ▶ Die Beteiligten werden aufgefordert, sich in den Konfliktpartner einzufühlen.		Fortführung des Beispielfalls Kerngedanken visualisieren

Training Schritt 5: Problemlösung, Lösungssuche ▶ Sammeln von Lösungsvorschlägen – Brainstorming ▶ Sortieren und bewerten ▶ Wie wird die gefundene Lösung genau umgesetzt – geplant? Wer macht was, mit wem, bis wann? ***Soziale Kompetenz: Einfühlung und Toleranz*** ▶ Auto fahren ▶ Vexierbilder		Fortführung des Beispielfalls Ggf. Visualisierung mit Moderationskarten Übung Folien
Training Schritt 6: ▶ Notieren der Beschlüsse ▶ Abschluss der Klassenratssitzung		Protokollheft
Training: Durchspielen einer vollständigen Klassenratssitzung ▶ Vorbereitung ▶ Durchführung ▶ Auswertung		Situationsbeschreibungen, Rollenbeschreibungen (neuer Beispielfall)
Ausblick: Wie geht es weiter? Auswertung der Ausbildung		
Gemeinsamer Abschluss		„Schulterklopfen"

Am Fortbildungsort beginnt die Ausbildung mit der **Begrüßung** und der **Einführung** in den Ausbildungsablauf. Da sich die Schüler, wenn sie aus verschiedenen Klassen kommen, in der Regel nicht gut kennen, sind eine ausführliche **Kennenlernphase** und Namensschilder wichtig.

Weiter geht es mit einem **„Blitzlicht"** zu der Frage: „Was ist der Klassenrat?" (je Schüler nur ein Satz!). So werden die Vorerfahrungen schnell aktualisiert und die Schüler auf das Thema eingestimmt. Eine **Sammlung der Aufgaben** des Klassenratsmoderators ermöglicht erste Abgrenzungen („Das gehört nicht dazu.") und die Frage nach den notwendigen **Kompetenzen** stimmt auf die zusätzlichen Trainingseinheiten ein. Die Schüler lernen dann unseren idealtypischen Ablauf des Klassenrats kennen, damit alle vom gleichen Ablaufschema ausgehen.

Training Schritt 0:
Vorbereitung der Sitzung

Zunächst wird mit den Schülern besprochen, was **vor einer Klassenratssitzung** erledigt werden muss:

▶ Welche **Aufgaben** müssen verteilt werden? (Wer leitet? Wer führt die Rednerliste? Wer schreibt an die Tafel? Wer schreibt das Protokoll? – Der letzte Punkt kann bereits als erster Klassenratspunkt erarbeitet werden.) Es entlastet die Schüler und die Anfangssituation, wenn diese Fragen bereits vorab geklärt sind. Außerdem spart es Zeit.

▶ Wie wird die Klasse **ruhig**? Welche Zeichen sind vereinbart (Hand heben – alle heben die Hand und sind ruhig; Klangschale; Glocke ...)?

▶ Wo ist der **Redegegenstand** („Wuschel")?

Training Schritt 1:
Eröffnung der Sitzung und Positive Runde

Jetzt wird die **Eröffnung der Sitzung** besprochen und eingeübt. Wie eröffne ich die Sitzung?

▶ Mit welchen Worten fange ich an? Wie ist meine Körperhaltung? Meine Stimme? Verschiedene Anfänge werden spontan erprobt. Wie ist die Wirkung auf unterschiedliche Körperhaltungen? Wie sitze ich?

Die Schüler diskutieren das Gehörte und halten **gute Einstiegsformulierungen** an der Flip-Chart fest.

„Wir/Ich begrüße(n) euch zum Klassenrat. Das Protokoll schreibt heute Melanie. Ich/Wir erinnern an die Grundregel: Nur wer den Wuschel hat, darf reden. Keine Beleidigungen. Ich/Wir beginnen mit der Positiven Runde."

FAQs

▣ **Muss sich der Lehrer, der dabeisitzt, auch an die Regel halten?**

Wie zuvor bereits erwähnt, agiert der Lehrer besonders auch im Klassenrat als Vorbild. Somit sollte gerade er sich an die Regeln halten.

▣ **Wie kann man ihm das sagen?**

Das sollte man im Rollenspiel ausprobieren und gute Formulierungen schriftlich festhalten!

Die **Positive Runde** wird ausprobiert. Manche meinen, die Positive Runde könne man weglassen, sie koste nur Zeit und bringe doch eh nichts. Nein! Es ist wichtig, dass bei allen Problemen und

Anliegen auch das Gelungene zur Sprache kommt (und zwar gerade in der Schule!). Weiter ermöglicht sie jeder und jedem, etwas in dieser Runde zu sagen, sich zu hören, die Scheu zu verlieren und Mut für die nächste Phase zu gewinnen. Am Anfang ist es in Ordnung, wenn manche (viele?) den Wuschel nur weitergeben oder sich ihren Vorrednern anschließen („Finde ich auch gut."). Mit der Zeit sollte jedoch jeder etwas sagen, auch wenn man den Vorredner einfach wiederholt und möglicherweise fünf oder zehn Schüler das Gleiche sagen („Ich fand den Ausflug super!").

> ### Vorschläge für die Positive Runde:
>
> ▶ Was ist mir heute/in der letzten Woche/ im Unterricht gelungen?
>
> ▶ Was hat mir heute/gestern/am Wochenende/ im Unterricht/in den Ferien gut gefallen?
>
> ▶ Was hat mir heute/diese Woche gut getan? (im Unterricht, zu Hause, beim Ausflug)
>
> ▶ Was gefällt mir an meiner Schule? An meinen Mitschülern? An meinen Lehrern?

FAQs

▣ **Was mache ich, wenn einem Schüler nichts einfällt?**

Man kann sagen: „Gib den Wuschel weiter, vielleicht fällt dir am Ende der Runde noch etwas ein." (s. Kap. 3).

Die Arbeit im Plenum ist für Schüler und Leitungsteam anstrengend, sodass eine Kleingruppenarbeit Abwechslung und Entlastung bringt. Hier gilt es, das Angenehme mit dem Nützlichen zu verbinden. Unterstützend werden deshalb in den **Übungsphasen** weitere Kompetenzen eingeübt.

Übungsphase

Kommunikative Kompetenzen I: Zuhören

In dieser Übungsphase sollen die Schüler das Zuhören verbessern. Dazu eignet sich z.B. die Übung „Kontrollierter Dialog".

Übung: Kontrollierter Dialog
Die Schüler werden in Dreiergruppen aufgeteilt. Jede Gruppe sucht sich ein Thema (z.B. „Was gefällt mir am Matheunterricht?" Oder „Mein Lieblingssport"). Über dieses Thema unterhalten sich die Schüler A und B, Schüler C ist der Beobachter. Der Schüler A beginnt. Bevor aber nun Schüler B seine Meinung zum Thema sagt, muss er zuerst die Aussagen von A wiederholen. Wenn B sein eigenes Statement geäußert hat, muss A dies wiederholen und kann dann selbst weiterreden. Schüler C beobachtet, hat die Zeit im Blick und gibt ein kurzes Feedback nach Abschluss des Gesprächs. Anschließend wird gewechselt, sodass jeder einmal Beobachter ist. Zurück im Plenum wird gefragt: „Welche Erfahrungen habt ihr mit der Übung gemacht?"

Der Klassenrat

Training Schritt 2:
Überprüfung und Rückmeldung zu den Beschlüssen

Die Überprüfung der Beschlüsse wird am besten im **Rollenspiel** angegangen. Anhand eines Beispielfalls (s. Kap. 4) werden die Rollen verteilt (gut sichtbare Klebeetiketten mit den Rollennamen), die „rollenspielenden" Klassenratsmoderatoren eröffnen die Sitzung und leiten ohne Positive Runde direkt zur Überprüfung der Beschlüsse über („Wer liest das Protokoll vor?"). Die Beteiligten werden gefragt: „Hat es geklappt?" Wenn ja, ist alles gut; wenn nein, kommt es in den Themenspeicher für die aktuelle Sitzung.

Übungsphase

Kommunikative Kompetenzen II: Sich akzeptabel mitteilen können

Für die Klassenratsmoderatoren ist es von besonderer Wichtigkeit, dass sie sich akzeptabel mitteilen können und Kommunikationssperren nach Möglichkeit vermeiden.

Merkmale eines guten Gesprächs

Als Einstieg eignet sich ein „missglücktes Gespräch", das die beiden Leitungspersonen vorspielen und das als Grundlage für die Besprechung der Frage dient: „Was sind Merkmale eines guten Gesprächs?" (s. dazu auch Übung „5 Zuhör-Hilfen, 5 Sprech-Hilfen" in Kap. 5). Die Merkmale eines guten Gesprächs sind im Grunde die Umkehrungen der Kommunikationssperren (vgl. Kopiervorlage K4 im Anhang): zuhören, ernst nehmen, ausreden lassen, Blickkontakt, bei der Sache bleiben.

Übung: „Missglücktes Gespräch"
Das Leitungsteam spielt ein Gespräch vor, bei dem es „alles falsch" macht, was ein gutes Gespräch ausmacht: Es schaut den Gesprächspartner nicht an, beschäftigt sich mit anderen Dingen, fällt einander ins Wort, wechselt unvermittelt das Thema

usw. *Die Gruppe nennt die Dinge, die an diesem Gespräch „schlecht" waren. Sie werden an der Tafel gesammelt. Anschließend werden die Schüler gebeten, positiv zu formulieren, was ein gutes Gespräch ausmacht.*

Wahrnehmung von Interpretationen unterscheiden lernen

Bevor es an die Ich-Botschaften geht, gilt es, die Schüler dafür zu sensibilisieren, dass **Wahrnehmung und Interpretation** voneinander zu unterscheiden sind. Hier eignet sich beispielsweise die Übung „Der Denker".

Übung: „Der Denker"
Eine Person des Leitungsteams setzt sich etwas innerhalb des Sitzkreises auf einen Stuhl, legt einen Unterschenkel auf das Knie des anderen Beines, stützt den Kopf in die Hand und schaut mit „leerem Blick" auf den Boden. Die Schüler werden gebeten: „Beschreibt, was ihr seht!"

Vergleichen wir die Antworten „der sitzt auf dem Stuhl – er hat sein Kinn in die Hand gelegt – ..." mit den Antworten „der denkt – der ist traurig – der hat Probleme – der ...", erkennen wir schnell den Unterschied. Oft wird die Wahrnehmung – das, was wir mit der Kamera aufnehmen könnten (vgl. Kap. 3) – nicht sauber von der Interpretation getrennt, nämlich das, was wir meinen, vermuten, denken und fantasieren. Die **Beschreibung** unserer Wahrnehmung greift auf, was ist. Die **Interpretation** ist das Konstrukt dieser Wahrnehmung des Interpretierenden. Diese hat mit dem anderen vielleicht etwas zu tun oder auch nicht. Ich kann nur sichergehen, wenn ich sie überprüfe: „Ich habe den Eindruck, du bist traurig." Dann kann die angesprochene Person bestätigen oder korrigieren. Ich spreche so über mich (= Ich-Botschaft) in Beziehung zum anderen. Wenn ich sage: „Du bist traurig", spreche ich über den anderen.

Gefühle erkennen und benennen

Für die mehrteiligen Ich-Botschaften, die in Kap. 3 ausführlich erläutert werden, ist es wichtig, das **eigene Gefühl** zu benennen. Dies fällt den Schülern heute schwer, und zwar sowohl das Gefühl zu erspüren, wie auch es zu benennen (s. Kap. 5 „Hilfreiche Fähigkeiten: Gefühle"). Zunächst können Gefühle an der Flip-Chart gesammelt, dann eine kleine Übung gemacht werden oder auch umgekehrt.

Übung: Gefühle pantomimisch darstellen

Die Schüler arbeiten in Paaren oder allein. Pro Gruppe gibt es ein Kärtchen mit einem Gefühl (Kopiervorlage K24 im Anhang). Die Gruppen werden aufgefordert, sich zu überlegen, wie sie das Gefühl ohne Worte vorspielen können. Die übrige Gruppe muss versuchen, das Gefühl zu erraten. In einer kurzen Auswertung nach jedem Vorspiel wird gesammelt, woran die Gruppe das dargestellte Gefühl erkannt hat (Körperhaltung, Gesichtsausdruck …).

Kennenlernen der vierteiligen konfrontierenden Ich-Botschaft

Das Kennenlernen dieser Ich-Botschaft ist für die Leitung des Klassenrats insofern wichtig, als dass die Moderatoren ein Instrumentarium an die Hand bekommen, mit dem sie in **kritischen Situationen handlungsfähig** sind, ohne auf Du-Botschaften zurückgreifen zu müssen. Wenn ein Schüler beispielsweise oft reinruft, hilft der Hinweis „Du störst dauernd!" wenig und führt selten zu einer Verbesserung der Situation. Im Gegenteil, die Person verteidigt sich und der Konflikt eskaliert. Interveniert er jedoch mit „Wenn du ohne Redeball redest, ärgert mich das, weil ich mich nicht konzentrieren kann, und ich möchte, dass du dich an unsere Gesprächsregel hältst.", dann zeigt der Angesprochene eher Verständnis und hält sich wieder an die Gesprächsregeln, ohne dass durch die Eskalation Zeit vergeht.

Die **vierteilige konfrontierende Ich-Botschaft** besteht aus folgenden Teilen (ausführlich s. auch Kap. 3):

1. **Beschreibung des Verhaltens:**
   Wenn du ohne Redeball redest,

2. **Nennen des Gefühls:**
   ärgert mich das,

3. **Begründung, Folgen für mich**
   weil ich mich nicht konzentrieren kann

4. **Nennen der Erwartung:**
   und ich möchte, dass du dich an unsere Gesprächsregel hältst.

Diese Formulierungen sind nicht einfach für die Schüler. Sie sollten sie zunächst alleine mit Hilfe einer Situationssammlung schriftlich ausformulieren und dann gemeinsam besprechen. Eine Sammlung von Situationen sowie ein Arbeitsblatt für die Formulierung der Ich-Botschaften finden sich im Anhang (Kopiervorlagen U1 und U2 ; s. dazu auch Kap. 5 „Hilfreiche Fähigkeiten: Ich kann Ärger mitteilen, ohne dass es Ärger gibt."). Treten in den Rollenspielen passende Situationen auf, sollte auf jeden Fall der Versuch einer Intervention nach diesem Muster getestet werden.

Training Schritt 3:
Abfrage der zu klärenden Anliegen/Probleme

Zu Beginn dieses Schrittes empfiehlt es sich, die **Aufgaben im Leitungsteam** klar zu verteilen:

▶ Wer leitet diese Phase?
▶ Wer führt die Rednerliste?
▶ Wer notiert die Anliegen und Probleme? (Tafel oder Moderationskarten)

Anhand eines Beispielfalls (s. Kap. 4) wird die Sammlung der Anliegen und Probleme im **Rollenspiel** praktisch durchgeführt. Anschließend wird die Frage diskutiert: Wie kommen wir zu einer Rangfolge? In vielen Schulen hat es sich bewährt, dass jeder Schüler eine Stimme hat und man abstimmt. Das geht schnell und ohne den Aufwand, den etwa eine Bepunktung der Moderationskarten erfordern würde. Hilfreich ist die einleitende Frage: „Was ist für unsere Klasse heute das wichtigste Thema?" So fühlt sich jeder angesprochen und mitverantwortlich für die Auswahl. Das Ergebnis dieser Einheit wird an der Flip-Chart festgehalten:

1. Frederik und Jana
   + „Stichwort"   15 Punkte

2. Thomas
   + „Stichwort"   7 Punkte

3. Sabine
   + „Stichwort"   5 Punkte

Übungsphase

Kommunikative Kompetenzen III: Was sind Konflikte? Wie werden sie gelöst?

Die Schüler befragen sich gegenseitig, worüber in der Klasse gestritten wird, und notieren dann, wie die Konflikte ausgehen. In den Seminaren kamen beispielsweise folgende Auflistungen zustande: Kaugummi, Beleidigungen, Schlagen, Sachen wegnehmen, Schimpfwörter, Kämpfe, Geld wird nicht zurückgezahlt, Dienste werden nicht übernommen, Klassenzimmer ist dreckig, Angebereien, Sachen werden kaputtgemacht, …
Zur Veranschaulichung der möglichen Konfliktausgänge dient die folgende Übung.

Übung „Armspiel" (bekannt auch als Armdrücken)
Die Schüler bilden Dreiergruppen. Zwei Schülerinnen sitzen sich am Tisch gegenüber, die Ellenbogen sind aufgestützt und die Handflächen berühren sich, die dritte beobachtet und zählt. Die Paare bekommen den Auftrag, den Handrücken des Gegenspielers innerhalb von zwei Minuten so oft wie möglich auf die Tischplatte zu drücken.

Meistens wird das Spiel als Kraftübung aufgefasst, bei der die eine die andere besiegen möchte. Selten wird erkannt, dass durch **Zusammenarbeit** wesentlich mehr Punkte erzielt werden können. So lässt sich spielerisch das Ziel des Klassenrats verdeutlichen. Es geht nicht um Sieger und Besiegte, sondern um eine für alle tragfähige Lösung, die keine Verlierer hinterlässt (s. dazu auch Kap. 3).

Training Schritt 4:
Besprechung des Anliegens/Problems

Nachdem im Schritt 3 die zu klärenden Probleme und Anliegen abgefragt und in eine Reihenfolge gebracht wurden, beginnt die Leitung mit der **Besprechung des ersten Problems** oder dem ersten Anliegen (s. Ergebnis Flip-Chart: Frederik + Jana: Mehr Sportunterricht).

Handelt es sich um ein Anliegen wie zum Beispiel die Frage „Was machen wir am Wandertag?", ist es hilfreich, die Vorschläge auf Moderationskärtchen zu notieren, die Vor- und Nachteile unter Einhaltung der Gesprächsregeln zu diskutieren und dann abzustimmen. Häufig geht es bei den eingebrachten Anliegen aber um einen Konflikt zwischen zwei oder mehreren Personen. Dann sollte man als Grundlage des Vorgehens die Schritte der Konfliktmoderation durchlaufen (vgl. ausführlich Kap. 3). Die einzelnen Punkte sind mit den Schülern schrittweise durchzugehen, am besten in den Rollen des Beispielfalls:

Besprechung des Anliegens/Problems:

a. Jeder schildert das Problem aus seiner Sicht.

b. Die Moderatoren klären die Fragen:
- ▶ Worin genau besteht das Problem/ der Konflikt?
- ▶ Wer hat das Problem?
- ▶ Wie sieht das Problem von verschiedenen Seiten aus?
- ▶ Wie geht es den einzelnen Beteiligten? (Gefühle aussprechen, in den anderen einfühlen)
- ▶ Was woll(t)en die Beteiligten erreichen?

c. Die Beteiligten werden aufgefordert, sich in den/die Konfliktpartner einzufühlen.

Mein Anliegen ist:
...

Wichtig ist, dass das Problem genau erfasst wird, damit klar wird, in welche Richtung die Lösungssuche erfolgen muss. Im Rahmen dieser Phase lernen die Schüler auch, sich in andere hineinzuversetzen. Dies fördert die **Empathiefähigkeit**. Weiterhin wird das Problem von mehreren Seiten beleuchtet. Den Schülern wird so die **Mehrschichtigkeit von Konflikten** deutlich: „Alles hat zwei Seiten!" (mindestens).

Die Praxis zeigt, dass Schülermoderatoren, wenn ihnen die Schritte fremd sind, mit dieser Phase erst einmal große Probleme haben. **Häufige Fehler** sind: Das Problem wird nicht genau genug herausgearbeitet, das Problem wird nicht genügend von beiden Seiten angeschaut, die Schüler schweifen ab („Wer hat zu ... noch etwas zu sagen?"), zu viele Schüler wollen etwas sagen („Wer hat noch etwas Neues?"), es fehlt an Mut, die Gesprächsregeln einzufordern („Ich-Botschaft üben!"), oder es wird nicht auf Beleidigungen reagiert („Keine Beleidigungen, bitte!").

Training Schritt 5:
Lösungssuche und Vereinbarung

Sind die Fragen unter Schritt 4 geklärt, geht es an die Lösungssuche (vgl. Kap. 3). Zur Erweiterung ihrer methodischen Kompetenz wird den Schülern die Methode des **Brainstormings** erklärt (so viele Ideen wie möglich aufschreiben, ohne Kommentar, ohne Bewertung). Siehe dazu auch Kap. 5 „Brainstorming". Die Lösungsvorschläge für den Beispielfall werden an der Flip-Chart (Tafel) gesammelt oder auf Moderationskarten geschrieben. Letzteres erleichtert die Auswertung. Wichtig ist, dass die Moderatoren darauf achten, dass keine Kommentare, insbesondere abwertende, zu den Vorschlägen abgegeben werden („So ein blöder Vorschlag!", „Das geht ja eh nicht!", „Typisch Fritz!").

> **Beispiel:** Der Sportlehrer kommt zu spät, einige Jungs ärgern die Mädchen und verstecken deren Sportsachen.
>
> **Lösungsvorschläge:**
> - Mädchen, die es wollen, dürfen geärgert werden.
> - Lehrer bitten, pünktlich zu sein.
> - Jungs tragen zur Strafe Sporttaschen der Mädchen.
> - Jungs entschuldigen sich und hören auf damit.
> - Jungs stehen links, Mädchen rechts vor der Halle.
> - Mädchen hören auf, die Jungs zu provozieren.

Die einzelnen Vorschläge werden sortiert und bewertet: Was ist nicht durchführbar oder was wird von einer der beteiligten Parteien abgelehnt? In der Regel verbleiben nur wenige Vorschläge, aus denen einer ausgewählt und die genaue Umsetzung festgelegt wird („Wer tut was mit wem bis wann?").

Während man bei den Anliegen (Ausflug? Wandertag? ...) manchmal um Mehrheitsentscheidungen durch Abstimmung nicht herumkommt, sollte bei Konflikten auf diese Möglichkeit verzichtet werden. Man will ja gerade keine Verlierer und die Abstimmung erfolgt im knappsten Fall mit 16:15. Selbst für Ausflüge ist zu fragen, ob dieses Ergebnis tragfähig ist oder ob man nicht noch eine Runde mit der Frage anfügt: „Auf was könnten wir uns denn alle einigen?"

Übungsphase

Soziale Kompetenz: Einfühlung und Toleranz

Trainingsschritt 4 hat gezeigt, dass die Einfühlungskompetenz wichtig für die Konfliktklärung ist. Einige zusätzliche Übungen (s. dazu auch Kap. 5) können helfen, diese zu trainieren.

Übung: Auto fahren

So geht's: Die Schüler finden sich zu Paaren zusammen. Ein Partner ist das „Auto", der andere Partner der „Fahrer". Der Fahrer stellt sich hinter das Auto und legt ihm die Hände auf die Schultern. Mit den Händen lenkt er das Auto nach vorne, hinten, rechts und links, oder er bremst (Druck auf die Schultern mit beiden Händen). Es empfiehlt sich, dies zu demonstrieren. Jetzt schließt das „Auto" die Augen und verlässt sich ganz auf den Fahrer, der das Auto durch den Raum manövriert. Hilfreiche Regeln: Das Auto darf nirgends anstoßen. Auto und Fahrer machen keine Geräusche. Nach einigen Minuten wird gewechselt. Bei der anschließenden Auswertung sollte man darauf achten, dass jedes Auto dem Fahrer ein kurzes Feedback zu den eigenen Empfindungen gibt („Wie hast du dich als Auto bei deinem Fahrer gefühlt?").

Wir empfehlen eine weitere Übung, um das eindimensionale Denken im Zusammenhang mit Konfliktlösungen hin zu mehr Toleranz zu öffnen. Dazu kann man so genannte **Vexierbilder** wie das doppelte Motiv „Braut oder Schwiegermutter" von Edwin Boring (www.langeneggers.ch/Taeuschungen/Vexier/vexier.htm) nutzen, um den Schülern zu zeigen, dass auch ein Konflikt zwei Seiten haben kann. Wirklichkeit ist eben doch nicht immer so eindeutig, wie man meinen könnte.

Training Schritt 6:
Protokoll und Schließen der Sitzung

Im letzten und abschließenden Schritt schreibt der Protokollant die Vereinbarung ins Protokollbuch und die Moderatoren beenden die Klassenratssitzung. Sind alle Schritte durchlaufen, sollte kurz innegehalten werden, um Fragen zu klären.

■ Training vollständiger Klassenratssitzungen im Rollenspiel

Die Schüler sind nun so weit, dass sie die Schritte des Klassenrats kennen, erste praktische Erfahrungen in der Leitungssituation gemacht haben, ergänzende Übungen kennengelernt und Kompetenzen eingeübt haben.

Abschließend steht das **Durchspielen von vollständigen Klassenratssitzungen mit jeweils einem Übungsfall** auf dem Programm. Jedes Moderatorenteam sollte die Gelegenheit haben, wenigstens

einmal ein Rollenspiel geleitet zu haben, ehe es in die Ernstsituation „Klasse" entlassen wird. Fall- und Übungsbeispiele mit Rollenanweisungen finden sich in Kap. 4.

Die Fortbildung von Klassenratsmoderatoren wird mit dem Ausblick („Wie geht es weiter?", vgl. Kap. 4 „Praxis und Supervision"), der Auswertung und dem Abschluss beendet.

> **Abschluss:** *„Stellt euch im Kreis mit Blick zur Mitte auf, streckt beide Arme nach vorne, Handflächen nach oben – wir haben ordentlich was zusammen geleistet, dafür klopfen wir uns mal ordentlich auf die Schultern – rechte Hand auf linke Schulter, linke Hand auf rechte Schulter."*
>
> **Alternative:** *„Stellt euch im Kreis auf, Blick auf den Hinterkopf, Armlänge Abstand – wir haben ordentlich was zusammen geleistet, dafür klopfen wir uns mal ordentlich auf die Schultern – dem Vordermann mehrmals anerkennend und freundlich auf die Schulter klopfen; eventuell mit dem Spruch: ‚Gut gemacht!'"*

Fall- und Übungsbeispiele – Rollenspiele

Die folgenden Fallbeispiele dienen dazu, gemeinsam mit der Ausbildungsgruppe der Klassenratsmoderatoren im Rollenspiel einen Fall durchzuspielen. Wir haben dazu Fälle ausgewählt, die so auch im wirklichen Leben vorkommen. Jedes der drei Rollenspiele kann bei der Moderatorenausbildung für das Durchspielen einer kompletten Klassenratssitzung dienen, wobei jeweils drei neue Anliegen pro Rollenspiel eingebracht werden. Mit diesen Rollenspielen kann die Ausbildungsgruppe drei Mal jeweils eine ganze Klassenratssitzung (auch die Entscheidungsphase: „Welchen Fall besprechen wir zuerst?") durchspielen. Jedem Rollenspiel stellen wir eine Seite mit Hinweisen für die ausbildenden Kollegen voran. Diese Hinweise können bei der Auswertung der Rollen-

spiele hilfreich sein. Sie sollten nicht dazu dienen, bereits in das laufende Rollenspiel einzugreifen. Nach den Hinweisen für die ausbildenden Lehrkräfte folgt die Seite für die (übenden) Moderatoren. Hier findet sich der Auszug aus dem Klassenratbuch mit den Beschlüssen der letzten Sitzung, die Frage für die Positive Runde sowie die im Rollenspiel handelnden Personen. Daran anschließend finden sich die Rollenkarten für die einzelnen Personen. Beim Rollenspiel ist es hilfreich, wenn jeder Schüler ein großes Schild mit dem Rollenspielnamen angeheftet bekommt oder vor sich auf dem Boden liegen hat. Das macht es allen Beteiligten leichter, im Rollenspiel zu bleiben. Die Rollenkarten können kopiert und dann in der Mitte durchgeschnitten werden.

Der Klassenrat

Rollenspiel 1:

▨ Hinweise für die ausbildenden Lehrkräfte

Anliegen von Frederik und Janina: Wir haben zu wenig Sport.

▶ Der Eintrag im Klassenratsbuch könnte einen verleiten zu sagen, dass mehr Sportunterricht nicht möglich ist, und damit die Diskussion sofort zu beenden. Im Klassenrat ist es aber wichtig, zunächst herauszufinden, was genau mit dem Eintrag gemeint ist.

Was genau meinen die Schüler Frederik und Jana?

▶ Im Grunde sind sich die Schüler einig, dass der Sportunterricht effektiver werden muss. Als Ursachen lassen sich **drei Gründe** herausarbeiten:
  • Der Lehrer kommt zu spät.
  • Der Lehrer erklärt nicht richtig.
  • Manche Schüler quatschen, sodass die anderen nichts verstehen. (Achtung: Gefahr, dass einzelne Schüler darüber diskutieren, wer nun Recht hat: „Martin und Thomas quatschen immer so viel." – „Das stimmt gar nicht, ihr quatscht doch dauernd." Diese Diskussionen führen vom eigentlichen Anliegen weg und zu neuen Konflikten, aber nicht zu Lösungen.)

Keine Diskussionen, wer Recht hat.
Konkret: „Was genau, meint ihr, ist das Anliegen von Frederik und Jana?"

▶ Die meisten Lösungsvorschläge werden den nicht anwesenden **Sportlehrer** betreffen. An diesem Fall kann man gut üben, wie die Moderatoren damit umgehen können, wenn jemand betroffen ist, der nicht anwesend ist.

  1. Jede Lösung, die eine nicht anwesende Person betrifft, kann nur vorläufig sein.
  2. Es muss überlegt werden, wie die Lösung dieser Person nahegebracht wird und wer das tut. Das sollte dann im Rollenspiel ausprobiert werden.
  3. Der Klassenrat kann eine zweitbeste Lösung überlegen, falls die nicht anwesende Person mit der Lösung nicht einverstanden ist.

Thomas' Anliegen: Ärger im Pausenhof

▶ Das eingebrachte Anliegen dreht sich um das Verhalten von Martin und Katharina, wenn sie im Pausenhof Skateboard fahren. Der Beitrag von Frederik ist ein neues Anliegen („Ich möchte auch mal Skateboard fahren können."), das gesondert besprochen werden sollte.

Keine Problemausweitungen oder neue Anliegen zulassen!
Konkret zu Frederik: „Notiere dein Anliegen doch im Klassenratsbuch."

Sabines Anliegen: Kaputter Füller

▶ Bei diesem Fall stellt sich bei der Besprechung heraus, dass ein zunächst nicht genannter **dritter Schüler** beteiligt ist. Wichtig ist hier, den Ablauf genau zu rekonstruieren, um dann die Gefühlszustände aller Beteiligten genau herauszuarbeiten. Bei diesem Anliegen können die Moderatoren lernen, dass der scheinbar klare Fall (Thomas hat Sabines Füller kaputt gemacht und ist „schuld".) bei genauerem Hinterfragen gar nicht so klar ist (Ist Thomas wirklich schuld? Oder haben Sabine und Frederik nicht auch einen Anteil daran?). Daran kann man zeigen, dass die Schuldfrage nicht weiterführt. Bei der Lösung sollte es deshalb – neben einer möglichen Wiedergutmachung für den Füller – auch darum gehen, wie Sabine, Frederik und Thomas in Zukunft miteinander umgehen können.

Nicht Schuldige, sondern Lösungen suchen!

Rollenspiel 1:

> Klassenrat der Klasse 6b, Mittwoch 6. Stunde
>
> Auszug aus dem Klassenratsbuch:

Beschluss der letzten Woche:

Katharina und Sabine hatten sich an ihrem Tisch gestritten. Es wurde vereinbart, dass Janina mit Katharina den Platz tauscht, sodass Katharina jetzt zum Gang hin und Janina in der Mitte zwischen Sabine und Katharina sitzt.

Neue Einträge:

1. *Frederik und Janina: Wir haben zu wenig Sport.*
2. *Thomas: Martin und Katharina ärgern mich und die anderen immer beim Spielen im Pausenhof.*
3. *Sabine: Thomas hat meinen Füller kaputt gemacht.*

Personen:

Klassenlehrerin Frau Heckel

Frederik

Janina

Martin

Thomas

Sabine

Katharina

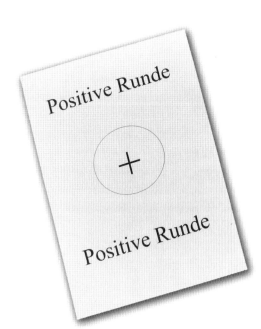

Frage für die Positive Runde:

Was hat dir in der letzten Woche gefallen?

© Verlag an der Ruhr | Postfach 102251 | 45422 Mülheim an der Ruhr | www.verlagruhr.de | ISBN 3-8346-0060-1

© Verlag an der Ruhr | Postfach 102251 | 45422 Mülheim an der Ruhr | www.verlagruhr.de | ISBN 3-8346-0060-1

Rollenspiel 1: **Frau Heckel**

Positive Runde: Was hat dir in der letzten Woche gut gefallen?
Sie finden es gut, dass in der letzten Woche alle Schüler ihre Hausaufgaben hatten.

© Verlag an der Ruhr | Postfach 102251 | 45422 Mülheim an der Ruhr | www.verlagruhr.de | ISBN 3-8346-0060-1

Rollenspiel 1: **Frederik**

Positive Runde: Was hat dir in der letzten Woche gut gefallen?
Dir gefällt, dass ihr im Sportunterricht in der letzten Woche Spiele gemacht habt.

Dein Anliegen:
Zu wenig Sportunterricht
Dein Lieblingsfach ist Sport. Du hättest am liebsten doppelt so viel Sport, weißt aber eigentlich, dass das nicht geht. Deshalb ärgert es dich, dass der Sportunterricht meistens 5–10 Minuten später anfängt, weil Herr Bronner, der Sportlehrer, so spät kommt.

Thomas' Anliegen:
Ärger im Pausenhof
Katharina und Martin haben immer die Skateboards in der Pause. Das findest du ungerecht. Nur weil du die Tafel putzen musst, sind Katharina und Martin immer schneller bei den Skateboards. Du hättest auch mal gerne eines.

Sabines Anliegen:
Kaputter Füller
Thomas ärgert sich immer so schön. Schon bei ganz kleinen Dingen geht er in die Luft. Neulich hast du ihm den Füller weggenommen und er hat so richtig rumgeschrien. Dann kam auch noch Sabine, die hat was zu ihm gesagt, und Thomas ist noch wütender geworden.

Rollenspiel 1: **Janina**

© Verlag an der Ruhr | Postfach 102251 | 45422 Mülheim an der Ruhr | www.verlagruhr.de | ISBN 3-8346-0060-1

> **Positive Runde: Was hat dir in der letzten Woche gut gefallen?**
> Du findest gut, dass du jetzt Sabine und Katharina neben dir sitzen hast.
>
> **Rückmeldung zu den Beschlüssen vom letzten Mal:**
> Du bist mit der Lösung sehr zufrieden, weil du jetzt zwei Sitznachbarn hast.

**Dein Anliegen:
Zu wenig Sportunterricht**

Du findest am Sportunterricht besonders das Spielen gut. Herr Bronner, der Sportlehrer, kommt meistens 5 Minuten später und erklärt dann noch lange und ausführlich, sodass gar nicht viel Zeit zum Spielen bleibt.

**Thomas' Anliegen:
Ärger im Pausenhof**

Dich stören die rasenden Skater Katharina und Martin. Du hast Angst, dass sie sich oder andere dabei verletzen.

**Sabines Anliegen:
Kaputter Füller**

Dir tut Thomas leid. Frederik und Sabine nutzen es wirklich aus, dass er so schnell wütend wird. Du würdest ihm gern helfen.

- -

Rollenspiel 1: **Martin**

© Verlag an der Ruhr | Postfach 102251 | 45422 Mülheim an der Ruhr | www.verlagruhr.de | ISBN 3-8346-0060-1

> **Positive Runde: Was hat dir in der letzten Woche gut gefallen?**
> Du bist stolz, dass du am Wochenende das entscheidende Tor geschossen hast.

**Frederiks und Janas
Anliegen: Zu wenig
Sportunterricht**

Weil der Sportunterricht meist später beginnt und Herr Bronner, der Sportlehrer, viel erklärt, nutzt du die Zeit bis es richtig losgeht, um deinem Freund Thomas vom Fußballspiel am Wochenende zu erzählen. Wenn dann der Unterricht so richtig beginnt, gibt es immer ein paar Leute, die die Erklärungen von Herrn Bronner nicht kapiert haben. Die sind vielleicht blöd.

**Thomas' Anliegen:
Ärger im Pausenhof**

Du fährst unheimlich gern Skateboard. Dir macht es Spaß, Kunststücke zu machen. Um deinen Klassenkameraden zu imponieren, fährst du immer ganz dicht an ihnen vorbei. Du hättest gern, dass dein Freund Thomas auch mal mitmacht.

**Sabines Anliegen:
Kaputter Füller**

Du findest, dass Thomas sich nicht immer gleich so ärgern soll, wenn Frederik (oder ein anderer) etwas macht. Er könnte Frederik doch einfach ignorieren.

Der Klassenrat

© Verlag an der Ruhr | Postfach 102251 | 45422 Mülheim an der Ruhr | www.verlagruhr.de | ISBN 3-8346-0060-1

Rollenspiel 1: **Thomas**

Positive Runde: Was hat dir in der letzten Woche gut gefallen?
Dir hat in der letzten Woche gefallen, dass du in Englisch eine gute Note bekommen hast.

Dein Anliegen: Ärger im Pausenhof

In der Pause nehmen sich Martin und Katharina immer die Skateboards und fahren so nah an dir und den anderen vorbei, dass sie manchmal sogar über deine Füße fahren. Das findest du gemein, besonders weil Martin doch dein Freund ist, und du jetzt nicht so richtig weißt, mit wem du die Pause verbringen sollst.

Frederiks und Janas Anliegen: Zu wenig Sportunterricht

Dein Freund Martin nutzt die Sportstunde gern, um von seinem Fußballspiel am Wochenende zu erzählen. Deshalb verstehst du oft nicht, was Herr Bronner, der Sportlehrer, erklärt, und weißt dann nicht Bescheid. Herr Bronner erklärt alles noch einmal, sodass es noch länger dauert, bis ihr anfangen könnt. Du könntest ja besser zuhören, aber du willst deinen Freund nicht vor den Kopf stoßen. Außerdem reden die anderen ja auch miteinander.

Sabines Anliegen: Kaputter Füller

Du hast Sabines Füller kaputt gemacht, aber sie ist selbst schuld. Du hattest Streit mit Frederik, der dir deinen Füller weggenommen hat. Als ihr euch gestritten habt, kam Sabine und meinte: „Du hast wohl Probleme!" Die blöde Kuh hat doch gar keine Ahnung. Du warst ganz schön wütend. Deshalb hast du ihr ihren Füller weggenommen, damit sie mal weiß, wie das ist, wenn einer einem den Füller wegnimmt. Leider ist Sabines Füller dann runtergefallen und die Feder war kaputt. Das tut dir leid.

- -

Rollenspiel 1: **Sabine**

Positive Runde: Was hat dir in der letzten Woche gut gefallen?
Du bist froh, dass es jetzt, wo du neben Janina sitzt, keinen Streit mehr mit Katharina gibt.

Rückmeldung zu den Beschlüssen vom letzten Mal:
Du findest, dass die Lösung gut ist, weil es jetzt keinen Streit mehr mit Katharina gibt.

Dein Anliegen: Kaputter Füller

Thomas hat deinen Füller weggenommen und als du ihn zurückbekamst, war die Feder kaputt.

Frederiks und Janas Anliegen: Zu wenig Sportunterricht

Der Sportunterricht fängt meist ohnehin spät an. Deshalb ärgert es dich, dass Thomas und Martin dauernd quatschen. Denn dann muss Herr Bronner, der Sportlehrer, alles nochmal erklären und vom Unterricht bleibt fast nichts übrig.

Thomas' Anliegen: Ärger im Pausenhof

Du möchtest in der Pause in Ruhe mit deiner Freundin Janina reden. Aber dauernd fahren Martin und Katharina an euch vorbei. Das ärgert dich. Einmal sind sie schon über deine neuen Schuhe gefahren und die Streifen sieht man jetzt noch.

Rollenspiel 1: **Katharina**

© Verlag an der Ruhr | Postfach 102251 | 45422 Mülheim an der Ruhr | www.verlagruhr.de | ISBN 3-8346-0060-1

> **Positive Runde: Was hat dir in der letzten Woche gut gefallen?**
> Du freust dich, dass du in der letzten Woche in der Pause immer Skateboard fahren konntest.
>
> **Rückmeldung zu den Beschlüssen vom letzten Mal:**
> Du findest es ganz okay, dass du jetzt am Rand sitzt, und Streit mit Sabine gibt es auch nicht mehr.

Frederiks und Janas Anliegen: Zu wenig Sportunterricht

Du machst Sport gern, findest aber, dass ihr mehr machen könntet, wenn Herr Bronner, der Sportlehrer, die Spielregeln besser erklären würde. Er drückt sich einfach so unverständlich aus.

Thomas' Anliegen: Ärger im Pausenhof

Du schnappst dir in der Pause schnell das Skateboard, das andere hat meistens Martin. Die anderen sollen doch mit was anderem spielen, denn du bist einfach die beste Skaterin in deiner Klasse.

Sabines Anliegen: Kaputter Füller

Du kannst Thomas gut verstehen (weil du auch manchmal wütend wirst und dann nicht mehr so richtig weißt, was du tust). Du findest es blöd, dass Sabine sich immer einmischt, wenn Thomas mit jemand anderem streitet. Sie macht dann alles noch schlimmer mit ihren Sprüchen.

- -

Rollenspiel 1:

© Verlag an der Ruhr | Postfach 102251 | 45422 Mülheim an der Ruhr | www.verlagruhr.de | ISBN 3-8346-0060-1

Der Klassenrat

Rollenspiel 2:

▨ Hinweise für die ausbildenden Lehrkräfte

Petras Anliegen:
Zu viele Hausaufgaben in Mathe

▶ Der Eintrag im Klassenratsbuch weist auf die Menge der Hausaufgaben hin. In der Erklärung des Anliegens benennt Petra ein **zweites Anliegen**: Herr Mohn erklärt nicht richtig. In den weiteren Beiträgen aus der Klasse kommen noch die Anliegen „Anschreiben der Hausaufgaben" und „langweiliger Matheunterricht" hinzu. Es ist wichtig, die einzelnen Anliegen zu trennen und dann einzeln zu behandeln, wenn dies von den Beteiligten gewünscht wird.

Verschiedene Anliegen jeweils einzeln behandeln.

Emilys Anliegen:
Hänseln bei guten Noten

▶ Bei diesem Anliegen sollten die Moderatoren die **Gefühle der Beteiligten** in den Mittelpunkt stellen. Wie fühlt sich Emily, wenn sie für ihre gute Note ausgelacht wird? Wie geht es Svenja, wenn sie sich anstrengt und ihr Bemühen keine Anerkennung findet? Wie geht es beiden, wenn sie hören, dass sie Dinge gut machen oder können?

Gefühle sind der Motor unseres Handelns!

Rubens Anliegen:
Schlagen und Treten in der Pause

▶ Bei diesem Anliegen muss besonders auf Neutralität der Moderatoren geachtet werden. Bei körperlicher Gewalt (Schlagen, Treten) scheint die Schuldfrage oft schon vornherein klar („Der ist schuld!") und die Moderatoren arbeiten auf die Bestrafung des Schuldigen hin. Wichtig ist, das **Bedingungsgefüge** (nicht mitspielen dürfen → sich machtlos fühlen → Gewalt anwenden) zu sehen und die Beteiligung der einzelnen Schüler an diesem „Spiel". Betont werden kann dann, dass David für sein Schlagen und Treten verantwortlich ist und dass sein Verhalten nicht akzeptabel ist (und dass die Institution Schule dies sanktionieren wird), dass die Klasse aber gemeinsam überlegen wird, wie das Bedingungsgefüge durchbrochen werden kann.

Das Anliegen neutral ansehen, ohne Partei zu ergreifen oder zu verurteilen.

Rollenspiel 2:

> Klassenrat der Klasse 6b, Mittwoch 6. Stunde
>
> Auszug aus dem Klassenratsbuch:

Beschluss der letzten Woche:

David hatte Paul in Kunst immer die Stifte weggenommen, weil er seine vergessen hatte. Es wurde vereinbart, dass David sich ein Erinnerungsplakat schreibt, damit er an seine Stifte denkt. Falls er sie doch vergessen hat, soll er Paul zuerst fragen, ob er sie mitbenutzen darf.

Neue Einträge:

1. Petra: Herr Mohn gibt in Mathe zu viele Hausaufgaben auf.
2. Ruben: David hat mich in der Pause schon wieder geschlagen und getreten.
3. Emily: Svenja lacht mich immer aus, wenn ich eine gute Note geschrieben habe.

Personen:

Klassenlehrer Herr Mohn
Svenja
Emily
David
Paul
Ruben
Petra

Frage für die Positive Runde:

Was hat dir heute gut gefallen?

© Verlag an der Ruhr | Postfach 102251 | 45422 Mülheim an der Ruhr | www.verlagruhr.de | ISBN 3-8346-0060-1

© Verlag an der Ruhr | Postfach 102251 | 45422 Mülheim an der Ruhr | www.verlagruhr.de | ISBN 3-8346-0060-1

Rollenspiel 2: **Herr Mohn**

> **Positive Runde: Was hat dir heute gut gefallen?**
> Ihnen hat heute gefallen, dass beim Aufstehen die Sonne geschienen hat.

Petras Anliegen:
Zu viele Hausaufgaben
in Mathe

Sie geben vor den Klassenarbeiten immer etwas mehr Hausaufgaben, damit die Schüler noch einmal selbst überprüfen können, was sie können. Sie wünschen sich, dass die Klasse mehr mitarbeitet und mehr Interesse an Mathe zeigt.

© Verlag an der Ruhr | Postfach 102251 | 45422 Mülheim an der Ruhr | www.verlagruhr.de | ISBN 3-8346-0060-1

Rollenspiel 2: **Svenja**

> **Positive Runde: Was hat dir heute gut gefallen?**
> Dir hat heute gefallen, dass Petra dir bei der Mathe-Freiarbeit geholfen hat.

Petras Anliegen:
Zu viele Hausaufgaben
in Mathe

Du findest die Hausaufgaben auch ein bisschen viel, besonders wenn auch noch andere Klassenarbeiten geschrieben werden.

Rubens Anliegen:
Schlagen und Treten
in der Pause

Du findest, dass David selbst schuld ist, wenn er nicht mitspielen darf. Wenn er sich ärgert, schlägt er immer gleich zu. Wer will da schon mit ihm spielen?

Emilys Anliegen:
Hänseln bei guten Noten

Dich ärgert es, wenn Emily schon wieder eine bessere Note als du geschrieben hat. Du musst für deine 3 richtig viel arbeiten. Emily dagegen braucht überhaupt nicht viel zu lernen. Alle bewundern sie für ihre guten Noten. Die Lehrer sehen aber nie, wie du dich angestrengt hast. Emily ist eben eine blöde Streberin, die sich bei den Lehrern bloß einschleimt.

Rollenspiel 2: **Emily**

© Verlag an der Ruhr | Postfach 102251 | 45422 Mülheim an der Ruhr | www.verlagruhr.de | ISBN 3-8346-0060-1

> **Positive Runde: Was hat dir heute gut gefallen?**
> Du fandest es gut, dass der Bus heute Morgen endlich mal pünktlich war und du nicht ins Klassenzimmer hetzen musstest.

Dein Anliegen:
Hänseln bei guten Noten
Du bist eine gute Schülerin. Du schreibst oft gute Noten und freust dich immer sehr darüber. Seit einiger Zeit lacht dich Svenja jedes Mal aus, wenn du dich über eine gute Note freust. Das ärgert dich und du bist traurig.

Petras Anliegen:
Zu viele Hausaufgaben in Mathe
Dir sind die Hausaufgaben viel zu viel. Außerdem schreibt Herr Mohn die Hausaufgaben nicht an die Tafel.

Rubens Anliegen:
Schlagen und Treten in der Pause
Du findest es nicht gut, dass David beim Fußball nicht mitmachen darf. Du würdest da auch wütend werden.

Rollenspiel 2: **David**

© Verlag an der Ruhr | Postfach 102251 | 45422 Mülheim an der Ruhr | www.verlagruhr.de | ISBN 3-8346-0060-1

> **Positive Runde: Was hat dir heute gut gefallen?**
> Du hast dich gefreut, dass du in der Pause endlich wieder dein Lieblingsbrötchen beim Bäcker kaufen durftest.
>
> **Rückmeldung zu den Beschlüssen vom letzten Mal:**
> Du hast ein Plakat gemalt, um an die Stifte zu denken. Und heute hat es auch geklappt. Nur den grünen Stift hast du vergessen. Du willst weiter probieren, an die Stifte zu denken.

Petras Anliegen:
Zu viele Hausaufgaben in Mathe
Dir sind die Hausaufgaben nicht zu viel. Aber es ärgert dich, dass die Hausaufgaben oft gar nicht besprochen werden. Und wenn es Hausaufgaben als Übung für die Klassenarbeit gibt, dann ist auch keine Stunde mehr dazwischen, um noch Fragen zu stellen.

Rubens Anliegen:
Schlagen und Treten in der Pause
Es stimmt, dass du Ruben neulich in der Pause geschlagen und getreten hast. Aber er hatte dich vorher beleidigt („Vollspast") und da bist du richtig wütend geworden. Überhaupt findest du es ziemlich gemein, dass du beim Fußball in der Pause nie mitspielen darfst.

Emilys Anliegen:
Hänseln bei guten Noten
Du findest es auch blöd, dass Emily immer so angibt mit ihren guten Noten. Sie kann sich doch einfach mal leise freuen.

© Verlag an der Ruhr | Postfach 102251 | 45422 Mülheim an der Ruhr | www.verlagruhr.de | ISBN 3-8346-0060-1

Rollenspiel 2: **Paul**

Positive Runde: Was hat dir heute gut gefallen?
Dir hat gefallen, dass David heute Morgen seine eigenen Stifte dabei hatte.

Rückmeldung zu den Beschlüssen vom letzten Mal:
David hatte alle Stifte dabei, bis auf den grünen. Er hat dich gefragt, ob er deinen haben darf. Du möchtest, dass die Vereinbarung weiter gilt.

Petras Anliegen:
Zu viele Hausaufgaben in Mathe

Du wünschst dir, dass Herr Mohn in Mathe besser erklärt. Du verstehst oft gar nicht, was er will.

Rubens Anliegen:
Schlagen und Treten in der Pause

Du würdest David schon mitspielen lassen, wenn er nicht immer gleich so wütend würde.

Emilys Anliegen:
Hänseln bei guten Noten

Du kannst Emily gut verstehen. Dich haben die anderen auch schon mal ausgelacht, als du eine 1 in Englisch hattest. Da fühlt man sich richtig ausgeschlossen.

© Verlag an der Ruhr | Postfach 102251 | 45422 Mülheim an der Ruhr | www.verlagruhr.de | ISBN 3-8346-0060-1

Rollenspiel 2: **Ruben**

Positive Runde: Was hat dir heute gut gefallen?
Du freust dich, dass ihr heute in Englisch keine Hausaufgaben aufbekommen habt.

Dein Anliegen:
Schlagen und Treten in der Pause

David hat dich in der Pause schon wieder geschlagen und getreten. Du hast es ihm gesagt, dass du das nicht willst, und vorher hattest du ihm schon gesagt, dass er ein „Vollspast" ist.

Petras Anliegen:
Zu viele Hausaufgaben in Mathe

Dir ist es egal, wie viele Hausaufgaben es gibt. Dir ist der Matheunterricht sowieso zu langweilig.

Emilys Anliegen:
Hänseln bei guten Noten

Du denkst, jeder soll seine Note doch für sich behalten, dann gibt es auch keinen Ärger. Wenn die Lehrer die Noten gar nicht laut sagen würden, dann wüsste ja auch keiner, was der andere hat.

Rollenspiel 2: **Petra**

© Verlag an der Ruhr | Postfach 102251 | 45422 Mülheim an der Ruhr | www.verlagruhr.de | ISBN 3-8346-0060-1

Positive Runde: Was hat dir heute gut gefallen?
Du findest es toll, dass die Jungs im Matheunterricht viel ruhiger als sonst waren.

Dein Anliegen:
Zu viele Hausaufgaben
in Mathe

Du bist in Mathe nicht so gut, willst dich aber verbessern. Deshalb machst du deine Aufgaben zu Hause sehr gewissenhaft. Aber du hast auch noch viele andere Hobbys. Es ärgert dich, dass Herr Mohn vor den Klassenarbeiten extra viele Aufgaben gibt. Du findest außerdem, dass Herr Mohn die Hausaufgaben oft nicht richtig erklärt. Deshalb musst du zu Hause noch mal deinen Vater fragen.

Rubens Anliegen:
Schlagen und Treten
in der Pause

Treten und Schlagen findest du doof. Du denkst, dass David bestimmt auch nicht so gerne getreten würde.

Emilys Anliegen:
Hänseln bei guten Noten

Du findest Noten zwar wichtig, aber so wichtig nun auch wieder nicht. Jeder kann doch irgendetwas gut und anderes nicht so gut. Svenja kann zum Beispiel ganz toll malen, Emily kann überhaupt nicht gut malen, schreibt aber schöne Geschichten und Aufsätze.

- -

Rollenspiel 2:

© Verlag an der Ruhr | Postfach 102251 | 45422 Mülheim an der Ruhr | www.verlagruhr.de | ISBN 3-8346-0060-1

Der Klassenrat

Rollenspiel 3:

▨ Hinweise für die ausbildenden Lehrkräfte

Iris' Anliegen: Sitzordnung

▶ Die Veränderung der Sitzordnung ist ein Thema, das häufig auftaucht und die Leitung des Klassenrats unter Druck setzt, selbst eine Lösung für dieses Anliegen zu finden. Die Moderatoren sollen hier berücksichtigen, dass sie nicht selbst die Lösung finden müssen, sondern die Klasse. Oft findet sich in der Klassenratssitzung keine Lösung. Die Moderatoren können lernen, wie sie sich verhalten können, wenn es keine Lösung gibt: Alle überlegen sich Lösungsvorschläge für das Anliegen bis zum nächsten Klassenrat.

Die Moderatoren leiten den Klassenrat, sind aber nicht für die Lösung zuständig.

Lisas Anliegen: Aufräumen

▶ Bei diesem Anliegen können die Moderatoren ihre **emotionale Neutralität** einüben. Jungen werden eher für die Jungenseite Partei ergreifen, Mädchen für die Mädchenseite.

Die Moderatoren bleiben neutral!

Ingos Anliegen: Filzstift

▶ Dieses Anliegen scheint so unbedeutend, dass selbst einige Schüler es unnötig finden, darüber zu sprechen. Die Moderatoren sollen darauf achten, auch dieses **scheinbar unwichtige Anliegen** ernst zu nehmen und die vorhandenen Gefühle zu berücksichtigen.

Jedes eingebrachte Anliegen ist wichtig!

Anliegen des Lehrers: Ausflug

▶ Die Moderatoren lernen hier, mit der Person des Lehrers als besonderen Teilnehmer des Klassenrats umzugehen. Es geht um die Frage, ob sie das Anliegen des Lehrers **mit auf die Tagesordnung** nehmen, obwohl es nicht im Klassenratsbuch steht, ob sie ablehnen oder ob sie einen Konsens in der Gruppe darüber herbeiführen. Sie erleben darüber hinaus im Rollenspiel, wie sie sich selbst dabei fühlen, wenn der Lehrer sich nicht an die Regeln hält – ein gar nicht so seltener Fall übrigens. In der Besprechung des Rollenspiels sollte man dies unbedingt thematisieren und den Schülern einige Handlungsalternativen aufzeigen. Hier kann man auch auf die später stattfindende Begleitung (Supervision) hinweisen, bei der die Moderatoren über solche und ähnliche Schwierigkeiten sprechen können.

▶ Das Anliegen selbst können die Moderatoren dazu nutzen, um den **Schritt 5** „Wir suchen eine Lösung und einigen uns" mit den Unterschritten „Lösungssuche" (Brainstorming) und „Einigung" anzuleiten und durchzuführen.

Rollenspiel 3:

> Klassenrat der Klasse 6c, Dienstag, 2. Stunde
>
> Auszug aus dem Klassenratsbuch:

Beschluss der letzten Woche:

Ingo hatte sich beschwert, dass er nie an der Tischtennisplatte mitspielen darf. Es wurde vereinbart, dass er dreimal die Woche mitspielen darf, damit alle mal drankommen.

Neue Einträge:

1. *Iris: Ich möchte in Zukunft vorne in der ersten Reihe sitzen, hinten kann man nicht richtig aufpassen.*
2. *Lisa: Fast alle Jungs haben nach dem Klassenfest nicht beim Aufräumen geholfen, besonders beim Spülen und Putzen nicht.*
3. *Ingo: Ralf hat am Mittwoch meinen neuen Filzstift ausgeliehen und ihn bis heute nicht zurückgegeben.*

Personen:

Klassenlehrer Herr Möck

Lisa

Ingo

Ralf

Michael

Mona

Iris

Frage für die Positive Runde:

Was gefällt dir in unserer Klasse?

© Verlag an der Ruhr | Postfach 102251 | 45422 Mülheim an der Ruhr | www.verlagruhr.de | ISBN 3-8346-0060-1

© Verlag an der Ruhr | Postfach 102251 | 45422 Mülheim an der Ruhr | www.verlagruhr.de | ISBN 3-8346-0060-1

Rollenspiel 3: **Klassenlehrer Herr Möck**

Positive Runde: Was gefällt dir in unserer Klasse?
Sie finden es gut, dass Frau Huber (die Englischlehrerin) die Mitarbeit der Klasse lobt.

Ihr Anliegen (Sie hatten es nicht ins Klassenratsbuch eingetragen!)

Sie haben beim Blick in den Kalender festgestellt, dass es höchste Zeit ist, den Ausflug zu planen. Sie möchten dafür die heutige Klassenratsstunde nutzen.

Iris' Anliegen: Sitzordnung

Sie meinen, dass Iris vielleicht Recht hat, weil sie ein eher stilles Mädchen ist. Sie wissen aber auch nicht, wen man an Iris' Stelle nach hinten setzen soll.

Lisas Anliegen: Aufräumen

Sie haben gar nicht bemerkt, dass die Jungen nicht mitgeholfen haben. Vielleicht haben Sie nicht richtig aufgepasst.

Rollenspiel 3: **Lisa**

Positive Runde: Was gefällt dir in unserer Klasse?
Du findest es gut, dass sich die Mädchen in der Klasse gut verstehen.

Dein Anliegen: Aufräumen

Beim Klassenfest letzte Woche haben sich die Jungen beim Aufräumen vor fast allen unangenehmen Arbeiten gedrückt. Sie waren nur bereit, die Tische und Stühle wieder hinzustellen, aber beim Putzen und Spülen hat außer Ingo keiner geholfen.

Iris' Anliegen: Sitzordnung

Du fühlst dich weiter hinten ganz wohl und wenn dich jemand stört, sagst du ihm das schon klar und deutlich.

Ingos Anliegen: Filzstift

Ralf soll endlich den Stift zurückgeben, das ist doch albern.

Anliegen des Lehrers: Ausflug

Du findest, Herr Möck soll sich auch an die Regeln halten und sein Thema ins Klassenratsbuch eintragen.

Rollenspiel 3: **Ingo**

© Verlag an der Ruhr | Postfach 102251 | 45422 Mülheim an der Ruhr | www.verlagruhr.de | ISBN 3-8346-0060-1

Positive Runde: Was gefällt dir in unserer Klasse?
Dir gefällt besonders, dass ihr jede Woche Klassenrat macht.

Rückmeldung zu den Beschlüssen vom letzten Mal:
Letzte Woche wurde beschlossen, dass du dreimal beim Tischtennisspielen mitmachen darfst. Zweimal haben dich die Klassenkameraden letzte Woche mitmachen lassen, am Mittwoch haben euch die Achtklässler verjagt. Du willst, dass das nächste Woche weiter probiert wird.

Dein Anliegen:
Filzstift
Ralf hat am letzten Mittwoch deinen neuen Filzstift ausgeliehen und ihn dir bis jetzt nicht zurückgegeben.

Iris' Anliegen:
Sitzordnung
Dir ist es egal, wo Iris sitzt.

Lisas Anliegen:
Aufräumen
Du hast beim Aufräumen ja geholfen.

Anliegen des Lehrers:
Ausflug
Du willst ins Schwimmbad.

Rollenspiel 3: **Ralf**

© Verlag an der Ruhr | Postfach 102251 | 45422 Mülheim an der Ruhr | www.verlagruhr.de | ISBN 3-8346-0060-1

Positive Runde: Was gefällt dir in unserer Klasse?
Du findest es gut, dass ihr in Sport oft Fußball spielt.

Rückmeldung zu den Beschlüssen vom letzten Mal:
Letzte Woche hattet ihr im Klassenrat beschlossen, dass Ingo dreimal in der Woche beim Tischtennisspielen mitmachen darf. Zweimal hat es geklappt, aber einmal haben euch die Achtklässler vertrieben.

Iris' Anliegen:
Sitzordnung
Es ist dir egal, wo Iris sitzt. Hauptsache nicht neben dir.

Lisas Anliegen:
Aufräumen
Du findest, dass die Jungs doch genug mitgeholfen haben. Schließlich habt ihr die Stühle wieder hingestellt. Außerdem können Mädchen sowieso besser putzen.

Ingos Anliegen:
Filzstift
Es stimmt, dass du Ingos Filzstift ausgeliehen hast. Du hast ihn aber verloren, das ist halt Pech für Ingo.

© Verlag an der Ruhr | Postfach 102251 | 45422 Mülheim an der Ruhr | www.verlagruhr.de | ISBN 3-8346-0060-1

Rollenspiel 3: **Michael**

Positive Runde: Was gefällt dir in unserer Klasse?
Du findest es gut, dass Frau Ambach, die Mathelehrerin, so gut erklären kann.

Rückmeldung zu den Beschlüssen vom letzten Mal:
Letzte Woche hattet ihr im Klassenrat beschlossen, dass Ingo dreimal in der Woche beim Tischtennisspielen mitmachen darf. Zweimal hat es geklappt, aber einmal haben euch die Achtklässler vertrieben.

Iris' Anliegen:
Sitzordnung

Du verstehst Iris gut. Im letzten Jahr hast du auch ganz hinten gesessen und konntest nicht so gut aufpassen.

Ingos Anliegen:
Filzstift

Du findest, Ingo soll wegen so einem blöden Filzstift nicht so ein Theater machen. Er soll sich doch einfach einen neuen kaufen.

Lisas Anliegen:
Aufräumen

Putzen und Spülen magst du gar nicht, aber vielleicht könntest du ja beim nächsten Mal helfen, damit die Mädchen nicht alles allein machen müssen.

Anliegen des Lehrers:
Ausflug

Einen Ausflug findest du gut. Du willst auf jeden Fall in den Freizeit-Park.

© Verlag an der Ruhr | Postfach 102251 | 45422 Mülheim an der Ruhr | www.verlagruhr.de | ISBN 3-8346-0060-1

Rollenspiel 3: **Mona**

Positive Runde: Was gefällt dir in unserer Klasse?
Dir gefällt, dass die Klassensprecher echt nett sind.

Iris' Anliegen:
Sitzordnung

Du hast nichts dagegen, wenn Iris vorne sitzen will, aber du willst auf keinen Fall nach hinten.

Lisas Anliegen:
Aufräumen

Du findest, dass Lisa Recht hat. Die Jungen meinen immer, dass die Mädchen dazu da sind, sie zu bedienen.

Ingos Anliegen:
Filzstift

Ralf hat auch schon mal von dir das Geo-Dreieck ausgeliehen. Nachher war eine Ecke abgebrochen. Aber er hatte behauptet, das sei schon vorher so gewesen.

Anliegen des Lehrers:
Ausflug

Du willst eine Fahrradtour machen.

Rollenspiel 3: Iris

Positive Runde: Was gefällt dir in unserer Klasse?
Du findest es gut, dass sich die Mädchen in der Klasse gut verstehen.

**Dein Anliegen:
Sitzordnung**

Du sitzt zurzeit in der letzten Reihe und bekommst oft nicht mit, was vorne an der Tafel geschieht. Es ist laut und vor dir zappeln die Mitschüler rum. Du möchtest gerne vorne sitzen.

**Lisas Anliegen:
Aufräumen**

Du findest, dass die Jungen ruhig mehr helfen könnten.

**Ingos Anliegen:
Filzstift**

Wenn du Ingo wärst, hättest du deinen Stift auch gern zurück. Wenn man etwas ausleiht, muss man es auch zurückgeben.

**Anliegen des Lehrers:
Ausflug**

Du willst in den Kletterpark.

© Verlag an der Ruhr | Postfach 102251 | 45422 Mülheim an der Ruhr | www.verlagruhr.de | ISBN 3-8346-0060-1

Rollenspiel 3:

© Verlag an der Ruhr | Postfach 102251 | 45422 Mülheim an der Ruhr | www.verlagruhr.de | ISBN 3-8346-0060-1

Der Klassenrat

Vorbereitung der Schüler auf den **Klassenrat**

Bereits mit Kindern der 1. Klasse kann man mit dem Klassenrat beginnen, sodass sie den Klassenrat kennenlernen und ihre sozialen Kompetenzen schulen. Jedoch gibt es immer wieder Klassen, in denen man das Gefühl hat, dass zunächst eine Vorbereitung auf den Klassenrat stattfinden sollte. Wir haben deshalb in diesem Kapitel einige Übungen zusammengestellt, die den Lehrkräften helfen sollen, bei ihren Schülern die nötigen Fähigkeiten zu entwickeln. Da es auf dem Markt eine Vielzahl von Werken zu diesem Thema gibt, kann unsere Zusammenstellung nur eine **kleine Einführung** sein. Darüber hinaus möge sich jeder Lehrer die Übungen zum Thema suchen, die ihm am meisten entsprechen.

Grundlegende Fähigkeiten

Im Klassenrat werden viele Kompetenzen geschult, die in der Regel durch die vorschulische Erziehung bzw. die Grundschule bei den Schülern bereits grundgelegt sind. Darauf kann man aufbauen und diese gezielt oder nebenbei weiterentwickeln. Die Erfahrung hat jedoch gezeigt, dass es einige wenige **Dinge** gibt, **die die Schüler können sollten**, wenn man mit dem Klassenrat beginnt.

Sie sollten
▶ Regeln einhalten,
▶ frei reden und
▶ zuhören können.

▦ Regeleinhaltung

Ohne Regeln geht es in keiner Gemeinschaft. Selbst wenn es keine „offiziellen" Regeln gibt, bilden sich in Gruppen sehr schnell informelle Regeln heraus, die nicht immer dem entsprechen, was man sich als Lehrkraft wünscht. Darum ist es besser, sofort wenn eine neue Lerngruppe zusammenkommt, über Regeln zu sprechen und mit den Schülern die Regeln zu erarbeiten, die wichtig für das Zusammenleben in der Klasse sind.

Für die **Erarbeitung von Regeln** sind folgende Grundsätze hilfreich:

▶ **Höchstens 5–7 Regeln**
(je jünger die Schüler, umso weniger Regeln)

▶ **Ich-Formulierung statt „Wir" oder „Man"**
(„Ich höre zu, wenn ein anderer spricht!")

▶ **Erwünschtes Verhalten formulieren**
(„Ich melde mich, wenn ich etwas sagen möchte." Nicht: „Ich rufe nicht in die Klasse.")

▶ **Visualisierung der Regeln**
(Plakat in der Klasse oder Regelblatt auf jedem Tisch)

Es ist günstig, die Regeln mit den Schülern zusammen zu erarbeiten, da die Akzeptanz dann viel höher ist. Leider bedeutet das nicht, dass auch alle Schüler die Regeln immer einhalten. Deshalb wird jeder Lehrer eine Methode finden, wie mit Regelverletzungen umgegangen wird. Wenn man möchte, kann man auch die Konsequenzen, die aus **Regelverletzungen** folgen, mit den Schülern gemeinsam entwickeln. Aber als Lehrkraft sollte man immer daran denken, dass man selbst diese Konsequenzen durchsetzen muss. Das bedeutet, dass nur die Konsequenzen sinnvoll sind, hinter denen der Lehrer auch selbst steht. **Grundhaltung** sollte dabei immer sein: Wer unsere gemeinsamen Regeln nicht einhält, stellt sich außerhalb der Klassengemeinschaft und außerhalb des Klassenrats. Jeder Schüler entscheidet sich selbst, ob er sich an die Regeln hält und weiter mitmacht oder ob er sich nicht an die Regeln hält und außerhalb der Klassengemeinschaft und des Klassenrats mit einer anderen (vorher vereinbarten) Aufgabe betraut wird. Dies ist keine Strafe, sondern die Entscheidung des einzelnen Schülers.

Diese Haltung nimmt die Entscheidung jedes Schülers ernst, geht aber auch davon aus, dass die Schüler in der Lage sind, ihr eigenes Verhalten dementsprechend zu steuern. Das ist ja nicht immer der Fall. So z.B. sind Kinder mit einer ADS-Symptomatik nicht immer fähig, ihr eigenes Verhalten so zu steuern, dass sie sich an die Regeln halten können. In diesen Fällen kann die Lehrkraft zusammen mit der Klasse versuchen, diese Schüler bei der Entwicklung ihrer Steuerungsfähigkeit zu fördern.

Regeleinhaltung

Übung 1: **Smileys**

Diese Übung ist geeignet, wenn die Einhaltung *einer* Regel Schwierigkeiten macht. Sie geht davon aus, dass ein Verhalten unter Beobachtung nicht mehr genauso wie das unter keiner Beobachtung ist.

So geht's:

Mit den Schülern wird zu Beginn einer „Beobachtungseinheit" (1 Stunde, ein Schulvormittag) besprochen, dass die ganze Klasse heute einmal auf die Einhaltung einer wichtigen Regel achten soll. Es wird angekündigt, dass die Lehrkraft am Ende der Beobachtungseinheit fragen wird, wie die Regel von der Klasse/von jedem Einzelnen eingehalten wurde.

Am Ende der Beobachtungseinheit erhält jeder Schüler je eine ☺☺☹-Karte und wird gebeten, seine persönliche Einschätzung zur Einhaltung der Regeln mit der Karte anzuzeigen. Dazu legen die Schüler die Karten vor sich auf den Tisch und schließen kurz die Augen. Der Lehrer bittet die Schüler, sich kurz zu besinnen: „Wenn du an den heutigen Vormittag/die letzte Stunde zurückdenkst, wie hat die Klasse deiner Meinung nach die Regel eingehalten?"

☺ = Die Klasse hat die Regel überwiegend eingehalten.
☺ = Die Klasse hat die Regel teilweise eingehalten.
☹ = Die Klasse hat die Regel so gut wie gar nicht eingehalten.

Auf drei zieht jeder Schüler die Karte, die seiner Einschätzung entspricht. Das Ergebnis wird notiert und gegebenenfalls besprochen.

Varianten: Jeder Schüler schätzt ein, wie er selbst im Beobachtungszeitraum die Regel eingehalten hat (oft interessant: zuerst die Regeleinhaltung der Klasse beurteilen lassen, dann die eigene; stimmt das Ergebnis überein?). Jeder Schüler schätzt die Regeleinhaltung eines bestimmten anderen Schülers ein.

Wird die Einschätzung über einen gewissen Zeitraum wiederholt (z.B. eine Woche), kann im Laufe der Woche ein Regeleinhaltungsprotokoll entstehen, das auch mit einem Belohnungssystem kombiniert werden kann.

 Tipp:
Wenn man die Smileys auf jeweils unterschiedlich farbiges Tonpapier kopiert, kann man das Beurteilungsergebnis auch optisch sofort erfassen. Die Smileys können auch als Rückmeldung zu bestimmten Themen („Wie hat dir dieses Spiel/diese Stunde/dieser Versuch gefallen?") oder zur derzeitigen Befindlichkeit („Wie geht es dir gerade/heute Morgen?") genutzt werden.

 Ziel:
Regeleinhaltung beobachten und beurteilen:
Die Schüler schulen ihre Beobachtungsgabe und ihr Einschätzungsvermögen. Sie fokussieren ihre Aufmerksamkeit auf die Regel und erhöhen ihre Steuerungsfähigkeit.

 Zeit:
5 Minuten

 Material:
pro Schüler je eine
☺☺☹-Karte (10 cm x 10 cm, Tonpapier) (s. Anhang Kopiervorlagen K14 – K16)

 Alter:
Klasse 1 – 6

© Verlag an der Ruhr | Postfach 102251 | 45422 Mülheim an der Ruhr | www.verlagruhr.de | ISBN 3-8346-0060-1

Regeleinhaltung

Übung 2: **Selbstbeobachtungsbogen**

Ziel:

Einzelne Schüler bei der Einhaltung von Regeln unterstützen und ihre Steuerungsfähigkeit entwickeln.

Zeit:

20 Min. für das Einzelgespräch mit dem Schüler, 5 Min. jeweils am Ende des Beobachtungszeitraums

Material:

Beobachtungsbogen (s. Anhang Kopiervorlagen K17 – K18)

Alter:

keine Begrenzung

So geht's:

In manchen Klassen gibt es einige wenige Schüler, die Probleme mit der Selbststeuerung und der Regeleinhaltung haben. Für sie ist der Selbstbeobachtungsbogen oft eine Hilfe. In einem gemeinsamen Gespräch mit dem Schüler wird zunächst entwickelt, wie das erwünschte Verhalten ganz konkret aussieht. Danach wird es wie eine Regel in der Ich-Form formuliert (Beispiel: „Ich melde mich, wenn ich etwas sagen möchte."). Dann bekommt der Schüler den Auftrag, nach jeder Stunde oder am Ende jedes Schultages selbst einzuschätzen, ob er diese selbst gestellte Regel eingehalten hat. Die Lehrkraft sollte den Schüler dabei unbedingt unterstützen (sich Zeit nehmen, die Einschätzung des Schülers ernst nehmen, das Bemühen und kleine Fortschritte anerkennen, auch wenn sie sich noch nicht im Bogen niederschlagen).

Am Ende des Schultages oder der Woche wird gemeinsam der Fortschritt in Bezug auf diese eine gewählte Regel besprochen. Wenn gewünscht, kann ein Belohnungssystem an den Beobachtungsbogen gekoppelt werden. Allerdings ist oft auch schon die Zuwendung und die Wertschätzung der kleinen Fortschritte durch den Lehrer sowie die Erfahrung der Selbstwirksamkeit („Wow, das schaffe ich selbst.") Motivation genug. Zu der Selbsteinschätzung des Schülers kann auch die Fremdeinschätzung durch den Lehrer hinzukommen. Aber Achtung: Abwertung des Schülers und seiner Bemühungen zerstören den Wert der Selbstbeobachtung. Deshalb Feedback durch den Lehrer nur in Form von nicht-wertenden Ich-Botschaften.

Tipp:

Je jünger die Schüler, umso kürzer die Beobachtungseinheiten und umso klarer die Formulierung des gewünschten Verhaltens (also nicht: „Ich bin im Unterricht immer lieb."). Eine zu beobachtende Verhaltensregel ist genug.

© Verlag an der Ruhr | Postfach 102251 | 45422 Mülheim an der Ruhr | www.verlagruhr.de | ISBN 3-8346-0060-1

Regeleinhaltung

Übung 3: **Regeleinhaltungsbogen**

Hierbei handelt es sich weniger um eine Übung als um ein System, das in der Klasse eingeführt wird. Es lehnt sich an das Trainingsraumkonzept an, wird aber im Klassenraum durchgeführt (s. auch Grüner/Hilt). Das System muss einige Zeit trainiert werden, damit der Unterricht nicht zu häufig unterbrochen wird.

So geht's:

Zunächst wird mit den Schülern besprochen, dass die Klassenregeln eingehalten werden müssen, um den Unterricht/Klassenrat überhaupt möglich zu machen und damit sich alle Schüler in der Schule wohl fühlen. Jeder entscheide selbst, ob er sich an die Regeln halte oder ob er gegen die Regeln verstoße, sich damit außerhalb der Klassengemeinschaft stelle und für die Konsequenzen entscheide. Wenn jemand gegen die Klassenregeln verstößt, werden ihm folgende Fragen gestellt:

▶ **Was tust du gerade?**
Viele Schüler sind sich ihres Tuns gar nicht bewusst („Ich habe doch gar nichts gemacht."). Durch diese Frage gelangt die Handlung erst ins Bewusstsein und wird so der eigenen Steuerungsfähigkeit zugänglich. Wenn ein Schüler diese Frage nicht selbst beantworten kann, sollte man einen Mitschüler bitten, (wertfrei) zu beschreiben, was der Schüler gerade tut und sagt. Eine andere Möglichkeit ist, dass die Lehrkraft selbst beschreibt, was der Schüler tut oder sagt („Ich sehe, dass du mit deinem Nachbarn redest, während ich die Matheaufgabe erkläre.").

▶ **Wie lautet die Regel?**
Jetzt soll der Schüler die Regel nennen, die er nicht eingehalten hat. Das bringt die (positiv formulierte) Regel immer wieder ins Gedächtnis.

▶ **Was passiert, wenn du es wieder machst?**
Der Schüler nennt die vereinbarte Konsequenz. Damit wird klar, dass das eigene Verhalten nicht folgenlos bleibt.

▶ **Wofür entscheidest du dich? Möchtest du am Extratisch über dein Verhalten nachdenken oder möchtest du dich an die Regeln halten und in der Klasse bleiben? Deine Entscheidung!**
Der Schüler entscheidet sich jetzt für einen erneuten Versuch, die Regeln einzuhalten, oder für das Nachdenken an einem Extratisch (oder ggf. eine andere vereinbarte Konsequenz).

▶ **Falls du dich wieder nicht an die Regeln hältst, was passiert dann?**
Der Schüler benennt noch einmal die Konsequenz, die aus der Entscheidung folgt, die Regeln beim nächsten Mal wieder nicht einzuhalten: nämlich der sofortige Vollzug der Konsequenz. Wenn sich der Schüler nach diesen Fragen wieder nicht an die Regeln hält, hat er sich durch die Missachtung entschieden, am Extratisch über sein Verhalten nachzudenken. Er erhält ein Blatt, auf dem er einträgt, was er tun will, damit er wieder am Unterricht teilnehmen kann.

Eine Zusammenfassung der Fragen und das nun auszufüllende Blatt (für die Grundschule) finden sich im Anhang (s. Kopiervorlagen K19 – K20).

Ziel:
Regeleinhaltung trainieren, Selbstverantwortung für eigenes Handeln klarmachen, Steuerungsfähigkeit verbessern.

Zeit:
während des Klassenrats (und des Unterrichts)

Material:
Klassenregeln (s. Anhang Kopiervorlagen K19 – K20)

Alter:
keine Begrenzung; geeignet für Klassen, denen die Regeleinhaltung große Schwierigkeiten bereitet, sodass auch Unterricht nicht immer möglich ist.

© Verlag an der Ruhr | Postfach 102251 | 45422 Mülheim an der Ruhr | www.verlagruhr.de | ISBN 3-8346-0060-1

© Verlag an der Ruhr | Postfach 102251 | 45422 Mülheim an der Ruhr | www.verlagruhr.de | ISBN 3-8346-0060-1

Regeleinhaltung

Übung 4: **Rote und gelbe Karte**

Ziel:

Transparenz bei Regel-
einhaltung und Nichtein-
haltung; Entlastung der
Leitung beim Einfordern,
die Regeln einzuhalten.

Zeit:

während des Klassenrats
(und/oder während
des Unterrichts)

Material:

rote und gelbe Tonpapier-
karten in handlicher Größe,
ggf. laminiert

Alter:

keine Begrenzung

So geht's:

Wenn die Regeln gemeinsam besprochen und die Konsequenzen bei Nicht-
einhaltung klar sind, kann die Lehrkraft als Leitung des Klassenrats rote
und gelbe Karten benutzen, wenn gegen die Regeln verstoßen wird. Die
gelbe Karte dient als Ermahnung: „Du hast die Regeln nicht eingehalten.
Wenn du wieder die Regel nicht einhältst, entscheidest du dich, nicht
mehr am Klassenrat teilzunehmen." Die rote Karte zeigt an, dass jetzt die
vereinbarte Konsequenz folgen wird. Beide Karten können wortlos vor den
Schüler hingelegt werden.

Varianten: Wem die Vergabe einer roten Karte zu schnell erfolgt, kann für
die eigene Klasse auch verschiedene Varianten ausprobieren (2 gelbe Karten, gelbe Karten in verschiedenen Gelbtönen, 2 Ermahnungen, dann gelbe, dann rote Karte).

Tipp:

*Die Handhabung der Karten soll das Ermahnen verringern und für die
ganze Klasse möglichst einfach nachvollziehbar und transparent sein.
Deshalb nicht zu komplizierte Varianten wählen.*

© Verlag an der Ruhr | Postfach 102251 | 45422 Mülheim an der Ruhr | www.verlagruhr.de | ISBN 3-8346-0060-1

Regeleinhaltung

Übung   :

Ziel:

Zeit:

Material:

Alter:

▦ Zuhören

Neben dem Reden ist das Zuhören im Klassenrat mit das Wichtigste. Deshalb ist es gut, mit den Schülern immer wieder auch das Zuhören (und Hinhören) einzuüben. Hierzu möchten wir wieder einige Übungen vorstellen. Weitere finden Sie auch unter Kap. 5 „Einfühlendes Zuhören".

Zuhören

Übung 1: **5 Zuhör-Hilfen**

So geht's:
Der Lehrer spielt mit einem Schüler ein Gespräch vor, bei dem er „alles falsch" macht, was ein gutes Gespräch ausmacht: Er schaut den Gesprächspartner nicht an, beschäftigt sich mit anderen Dingen, fällt dem anderen ins Wort, wechselt unvermittelt das Thema usw. Die Klasse nennt die Dinge, die an diesem Gespräch „schlecht" waren; sie werden an der Tafel gesammelt. Anschließend werden die Schüler gebeten, positiv zu formulieren, was gutes Zuhören ausmacht. Mit ein wenig Steuerung bieten sich 5 Punkte an, die beim guten Zuhören wichtig sind:

▶ Ich schaue den Gesprächspartner an.
▶ Ich tue nichts anderes.
▶ Ich höre zu, wenn der andere spricht.
▶ Ich halte den Körper still.
▶ Ich denke mit.

Diese 5 Punkte können den Fingern einer Hand zugeordnet werden. Dazu malen die Schüler ihre Hand ab und schreiben die einzelnen Punkte jeweils in einen Finger. Es ist hilfreich, diese Zuhörhilfen auswendig lernen zu lassen und sie mit Unterstützung der Hand immer zu wiederholen.

Variante: Statt der selbst abgemalten Hand kann man den Schülern die Kopiervorlage „Hand" (s. Anhang K21) austeilen.

 Tipp:
Diese Übung ist das Pendant zu der Übung „5 Sprech-Hilfen" (s. S. 108). Beide zusammen können auch im Klassenzimmer über große Hände visualisiert werden. Diese Übung passt auch zum Thema „Aktives Zuhören" (s. Kap. 5).

 Ziel:
Herausfinden, was für gutes Zuhören wichtig ist, und mit einer Merkhilfe verankern.

 Zeit:
30 Min.

 Material:
Blatt und Stift (oder Kopiervorlage K21 „Hand")

 Alter:
ab Klasse 3

© Verlag an der Ruhr | Postfach 102251 | 45422 Mülheim an der Ruhr | www.verlagruhr.de | ISBN 3-8346-0060-1

Zuhören

Übung 2: **MP3-Player**

Ziel:
Genaues Hinhören und
Wiedergeben des Inhalts.

Zeit:
10 Min.

Material:
–

Alter:
keine Begrenzung

So geht's:

Die Schüler finden sich in Zweiergruppen zusammen. Ein Schüler ist der MP3-Player, der andere ist der Erzähler. Der Erzähler hat 2 Minuten Zeit, eine Begebenheit vom gestrigen Tag zu erzählen. Der MP3-Player hört zu und „nimmt auf", was der Erzähler sagt. Nach 2 Minuten gibt der Lehrer das Zeichen, den MP3-Player auf Wiedergabe zu stellen. Nun gibt der Schüler „MP3-Player" das wieder, was er gehört hat. In einer zweiten Runde werden die Rollen getauscht.

Zuhören

Übung 3: **Bingo**

Ziel:
Genaues Hinhören,
Aufmerksamkeits-
fokussierung

Zeit:
mindestens 5 Min.,
bei Bedarf länger

Material:
leeres Blatt und Stift für
jeden Schüler, Nummern
zum Ziehen oder Roulette

Alter:
ab Klasse 1,
wenn die Schüler Zahlen
schreiben können

So geht's:

Jeder Schüler malt auf ein leeres Blatt ein (oder mehrere) Viereck, das in 9 Felder unterteilt wird.

Jeder Schüler schreibt 9 unterschiedliche Zahlen aus dem vorher festgelegten

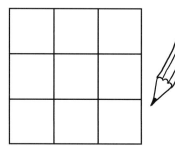

Zahlenraum in die 9 Felder (z.B. 1–20 für 1.+2. Klasse; 1–50 für ältere Schüler; Roulettezahlen, wenn man ein Roulette benutzt). Jetzt wird eine Zahl gezogen und laut ausgerufen. Hat ein Schüler diese Zahl in seinem Viereck, streicht er diese durch. So geht es weiter, bis ein Schüler 3 Zahlen in einer Reihe (senkrecht, waagerecht oder diagonal) ausgestrichen hat. Er ruft laut „Bingo", nennt zur Kontrolle seine Zahlen noch einmal und darf jetzt die nächste Runde Bingo anleiten und die Zahlen ziehen.

Varianten: Statt Zahlen kann man auch Wörter aus einem Wortfeld oder Vokabeln einer bestimmten Lektion verwenden.

© Verlag an der Ruhr | Postfach 102251 | 45422 Mülheim an der Ruhr | www.verlagruhr.de | ISBN 3-8346-0060-1

© Verlag an der Ruhr | Postfach 102251 | 45422 Mülheim an der Ruhr | www.verlagruhr.de | ISBN 3-8346-0060-1

Zuhören

Übung 4: **Geschichten weitererzählen**

So geht's:

Drei Schüler verlassen den Klassenraum. Der Lehrer erzählt der verbleibenden Klasse eine kurze Geschichte (Märchen, Fabel oder selbst Erlebtes), mit dem Hinweis, genau zuzuhören, da die Geschichte weitererzählt werden müsse. Nun wählt die Lehrkraft einen Schüler aus, der die Geschichte dem ersten, von draußen hereingeholten Schüler erzählt. Alle anderen Schüler der Klasse sollen aufpassen, was sich in der Geschichte im Verlauf des Erzählens verändert. Dann wird der erste Schüler von draußen hereingeholt und ihm wird erklärt, dass er jetzt eine Geschichte höre, die er anschließend weitererzählen müsse. Der wiederum erzählt dann die Geschichte dem nächsten Schüler, der von draußen hereingeholt wird, und der wieder dem nächsten. Der dritte Schüler erzählt das Gehörte noch einmal der Klasse. Zum Schluss wird gemeinsam überlegt, welche Inhalte weggefallen sind oder verändert wurden.

 Ziel:
Genaues Hinhören; Feststellen, was beim Weitererzählen von Geschichten passiert.

 Zeit:
20 Min.

 Material:
–

 Alter:
ab Klasse 1

© Verlag an der Ruhr | Postfach 102251 | 45422 Mülheim an der Ruhr | www.verlagruhr.de | ISBN 3-8346-0060-1

Zuhören

Übung   :

 Ziel:

 Zeit:

 Material:

 Alter:

Freies Reden

Freies Reden ist ebenso wie im Unterricht auch im Klassenrat eine Voraussetzung, die die Basis für die gemeinsame Kommunikation ist. Freies Reden lässt sich einerseits im Klassenrat selbst üben, aber auch bei allen Gelegenheiten im Unterricht, z.B. durch (Rollenspiele, Vortragen von Gedichten und Texten, Erzählen von Erlebtem. Im Klassenrat lässt sich das Sprechen insbesondere durch offene Fragen erreichen („Was genau hat dir heute Morgen schon gut gefallen?").

Freies Reden

Übung 1: **5 Sprech-Hilfen**

Ziel:
Herausfinden, was für gutes Sprechen wichtig ist, und mit einer Merkhilfe verankern.

Zeit:
30 Min.

Material:
Blatt und Stift (oder Kopiervorlage K21)

Alter:
ab Klasse 3

So geht's:
Der Lehrer spielt eine freie Rede vor, bei der er „alles falsch" macht, was gutes Sprechen ausmacht: Er schaut die Zuhörer nicht an, zappelt herum oder beschäftigt sich mit anderen Dingen, wechselt unvermittelt das Thema, redet leise und undeutlich oder wütend und übermäßig laut usw. Die Klasse nennt die Dinge, die an diesem Vortrag „schlecht" waren; sie werden an der Tafel gesammelt. Anschließend werden die Schüler gebeten, positiv zu formulieren, was gutes Sprechen ausmacht. Mit ein wenig Steuerung finden sich 5 Punkte, die beim guten Sprechen wichtig sind:

▶ Ich schaue die Zuhörer (Gesprächspartner) an.
▶ Ich halte den Körper still.
▶ Ich bleibe beim Thema.
▶ Ich spreche laut und deutlich.
▶ Ich spreche ruhig und freundlich.

Diese 5 Punkte können den Fingern einer Hand zugeordnet werden. Dazu malen die Schüler ihre Hand ab und schreiben die einzelnen Punkte jeweils in einen Finger. Es ist hilfreich, diese Sprechhilfen auswendig lernen zu lassen und sie mit Unterstützung der Hand immer zu wiederholen.

Variante: Statt der selbst abgemalten Hand kann man den Schüler die Kopiervorlage „Hand" (s. Anhang K21) austeilen.

 Tipp:
Diese Übung ist das Pendant zu der Übung „5 Zuhör-Hilfen" (s. S. 105). Beide zusammen können auch im Klassenzimmer über große Hände visualisiert werden.

© Verlag an der Ruhr | Postfach 102251 | 45422 Mülheim an der Ruhr | www.verlagruhr.de | ISBN 3-8346-0060-1

Hilfreiche Fähigkeiten

In diesem Kapitel geht es darum, die Fähigkeiten von Schülern zu trainieren, die neben dem Klassenrat auch für den **allgemeinen Umgang** in der Klasse und der Schule, aber auch im späteren Leben wichtig sind und deshalb in den Lehr- und Bildungsplänen gefordert werden. Die Übungen sollen der gezielten Förderung der Klasse dienen, wenn die Lehrkraft merkt, dass Training notwendig ist.
Zu allen Bereichen geben wir ein paar Beispielübungen, die sich in der Praxis bewährt haben. Wir laden aber alle Leserinnen und Leser ein, im Bücherschrank zu stöbern und ihrem Repertoire weitere passende Übungen hinzuzufügen.

▪ Selbst- und Fremdwahrnehmung

Das menschliche Verhalten bildet sich aus, über den ständigen (meist unbewusst ablaufenden) Abgleich zwischen der Wahrnehmung, die man von sich selbst hat, und der Reaktion anderer auf unser Verhalten (der Fremdwahrnehmung). In sozialen Systemen gibt es somit eine ständige unterschwellige **Feedbackkultur**, die aber nicht immer dem entspricht, was wir uns in der Schule wünschen. Deshalb ist es nötig, die Wahrnehmung für die eigene Person und die anderer Menschen zu schulen und dem Bewusstsein zugänglich zu machen. Der Klassenrat ist ein gutes Instrument, um **Selbst- und Fremdwahrnehmungsprozesse** offenbar zu machen und dann zu bearbeiten. Wir alle kennen Menschen, die von sich selbst ein vollkommen anderes Bild haben als die Menschen um sie herum. Da kann der Klassenrat eine behutsame Angleichung auf den Weg bringen. Die folgenden Übungen sensibilisieren für die Wahrnehmungsprozesse.

- -

Selbst- und Fremdwahrnehmung

Übung 1: **Mein Bild von mir – dein Bild von mir**

So geht's:
Die Schüler finden sich in Zweiergruppen zusammen. Jeder Schüler erhält ein Arbeitsblatt, auf dem er einträgt, was er selbst gut kann und was seiner Meinung nach der Partner gut kann. Die Partner teilen sich gegenseitig ihre Einschätzungen mit und entdecken, ob ihr Selbstbild mit dem Fremdbild des Partners übereinstimmt oder nicht.
In einer abschließenden Runde können die Schüler mitteilen, ob sie etwas Neues erfahren haben.

 Ziel:
Selbstbild und Fremdbild gegenüberstellen.

 Zeit:
20 Min.

 Material:
Arbeitsblatt (s. Anhang Kopiervorlage K22)

 Alter:
ab Klasse 3

© Verlag an der Ruhr | 45422 Mülheim an der Ruhr | www.verlagruhr.de | ISBN 3-8346-0060-1

Selbst- und Fremdwahrnehmung

Übung 2: **Was ich gut/nicht gut kann**

Ziel:

Einschätzen, welche Fähigkeiten man selbst hat;
erkennen, dass jeder Bereiche hat, in denen er gut ist,
und dass jeder auch Bereiche hat, in denen
er noch dazulernen kann.

Zeit:

je nach Variante

Material:

je nach Variante

Alter:

ab Klasse 1

So geht's:

Die Schüler werden gebeten, zunächst für sich selbst zu überlegen, was sie
gut können. Die Lehrkraft gibt ein Beispiel („Ich kann gut Kuchen backen.",
„Ich kann gut zuhören."). Während der Redegegenstand reihumgeht, sagt
jeder Schüler nacheinander, was er gut kann. Anschließend wird eine zweite Runde gemacht, bei der jeder sagt, was er noch nicht so gut kann.
Meist wirkt die Übung von ganz alleine. Wer noch auswerten möchte, kann
darauf eingehen, dass jeder seine speziellen Talente hat und auch Bereiche,
in denen er noch üben muss. Das ist ganz normal und kein Grund für Abwertung.

Varianten: Steckbrief: Die Schüler erstellen in Zweiergruppen voneinander
eine Umrisszeichnung, darauf entwirft jeder einen Steckbrief („Was kann
ich gut? Was mag ich?"). Die Umrisse werden in der Klasse ausgehängt.
Ein Steckbrief kann auch mit einem Foto oder selbst gemalten Bild erstellt
werden.

Selbst- und Fremdwahrnehmung

Übung 3: **Ähnlich – unähnlich**

Ziel:

Herausfinden, dass
man anderen ähnlich
und gleichzeitig
verschieden ist.

Zeit:

15 Min.

Material:

Arbeitsblatt (s. Anhang
Kopiervorlage K23)

Alter:

ab Klasse 3

So geht's:

Die Schüler werden zufallsweise in Paare aufgeteilt (möglichst per Los).
Jedes Paar findet nun drei Eigenschaften, in denen sich die beiden ähnlich
sind („Wir mögen beide gern Spagetti.") und drei Eigenschaften, in denen
sie sich unterscheiden („Du machst gern Mathe, ich mache gern Deutsch.").
Zur Auswertung: Fragen, was die Schüler Neues über sich und/oder den
anderen erfahren haben.

Variante: Die Paare können sich mit einem anderen Paar zusammenfinden,
ihre Ergebnisse vergleichen und überlegen, welche Eigenschaft(en) sie (zu
viert) gemeinsam haben und wo sie sich unterscheiden. Die Vierergruppe
findet wieder eine Vierergruppe, vergleicht die Ergebnisse und sucht, was
sie verbindet. So kann man weitermachen, bis nur noch eine Gruppe (die
ganze Klasse) da ist.

© Verlag an der Ruhr | Postfach 102251 | 45422 Mülheim an der Ruhr | www.verlagruhr.de | ISBN 3-8346-0060-1

© Verlag an der Ruhr | Postfach 102251 | 45422 Mülheim an der Ruhr | www.verlagruhr.de | ISBN 3-8346-0060-1

Selbst- und Fremdwahrnehmung

Übung 4: **Rückenfeedback: Was ich an dir gut finde**

So geht's:

Jeder Schüler bekommt ein Blatt Tonpapier auf dem Rücken befestigt. Die Schüler gehen nun mit einem Bleistift in der Hand still durch den Klassenraum (meditative Musik ist hilfreich) und schreiben ihren Mitschülern auf den Rücken, was sie gut an ihnen finden (z.B. „Mir gefällt, dass du mir bei Mathe hilfst."). Nach einer gewissen Zeit wird die Schreibzeit beendet und jeder darf am Platz lesen, welche Rückmeldung er von seinen Mitschülern bekommen hat.

 Tipp:

Vor Beginn noch einmal klarmachen, dass nur positive Aussagen aufgeschrieben werden dürfen. Bei dieser Übung kann der Lehrer ebenfalls mitmachen.

 Ziel:
Positives Feedback geben.

 Zeit:
20 Min.

 Material:
Für jeden Schüler ein Blatt Tonpapier, Sicherheitsnadeln oder Klebestreifen zum Befestigen auf dem Rücken, Bleistift

 Alter:
ab Klasse 2 (sobald Schüler schreiben können)

© Verlag an der Ruhr | Postfach 102251 | 45422 Mülheim an der Ruhr | www.verlagruhr.de | ISBN 3-8346-0060-1

Selbst- und Fremdwahrnehmung

Übung   :

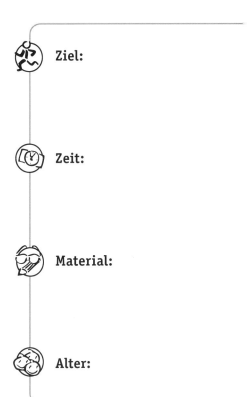 **Ziel:**

Zeit:

Material:

Alter:

Konzentration

Viele Lehrkräfte bemängeln, dass sich ihre Schüler nicht genügend konzentrieren können. Deshalb sei auch der Klassenrat schwierig durchzuführen. Die außerschulischen Lebensbedingungen leisten dazu ihren Beitrag. Fernsehen, Computer, viele Anforderungen durch „Freizeitstress", wenig „freie" körperliche Bewegung – all das trägt dazu bei, dass Schüler sich leicht ablenken lassen. Durch die vielen äußeren Einflüsse sind heutige Schüler auch **wenig in Kontakt mit sich selbst** und ihren Gefühlen. Jede Art von Konzentrationsübung hilft Schülern deshalb, auch sich selbst besser kennen zu lernen.

Atemübungen – Körperübungen – Fantasiereisen

Atem- und Körperübungen und auch Fantasiereisen haben zum Ziel, die Schüler zu sammeln und zu sich selbst zu führen. Durch die Konzentration auf sich selbst wird auch die Konzentrationsfähigkeit insgesamt gefördert. Diese Art von Übungen können als Strukturgeber im Schulalltag dienen und

geben den geräuschempfindlicheren Schülern einen Schutzraum. Ein sehr einfaches Beispiel für eine Stilleübung ist beispielsweise, zu Beginn des Klassenrates 1 Minute eine ruhige Musik laufen zu lassen und still der Musik zu lauschen.

Zu diesem Themenbereich gibt es eine Vielzahl verschiedener Veröffentlichungen, von denen wir hier nur einige nennen wollen. Dort finden sich auch weitere Anleitungen zur Durchführung der Übungen.

Buch-Tipps:
▶ Else Müller:
Du spürst unter deinen Füßen das Gras, Frankfurt 1983.
▶ Wolfgang Amler/Wolfgang Knörzer:
Fit in 5 Minuten, Heidelberg 1999.

Spiele zur Konzentration

Konzentration lässt sich aber auch durch Spiele trainieren. Hier ein paar Vorschläge:

Konzentration

Übung 1: **Bleistiftreise auf dem Arm**

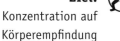
Ziel:
Konzentration auf Körperempfindung

Zeit:
5 Min.

Material:
Pro Zweiergruppe ein Bleistift

Alter:
ab Klasse 1

So geht's:
Die Schüler finden sich in Zweiergruppen zusammen. Ein Schüler macht seinen Arm frei (bis über die Ellbogenbeuge), streckt ihn und schließt die Augen. Der andere Schüler nimmt den Bleistift und fährt mit der ungespitzten Seite in langsamen, kreisenden Bewegungen den Unterarm hinauf bis über die Ellbogenbeuge. Sobald der Schüler mit den geschlossenen Augen meint, der Partner habe genau die Ellbogenbeuge erreicht, sagt er „Stopp" und überprüft, wo sich der Bleistift befindet. Erstaunlicherweise ist es nicht so einfach, die Ellbogenbeuge zu erspüren. Dann wird gewechselt. Die Übung kann mehrmals durchgeführt werden. Meist kommen die Schüler im Lauf der Zeit dem angestrebten Ziel immer näher.

Variante: Das Paar vereinbart einen anderen Punkt auf dem Arm, an dem bei Erreichen „Stopp" gerufen werden soll.

© Verlag an der Ruhr | 45422 Mülheim an der Ruhr | www.verlagruhr.de | ISBN 3-8346-0060-1

© Verlag an der Ruhr | Postfach 102251 | 45422 Mülheim an der Ruhr | www.verlagruhr.de | ISBN 3-8346-0060-1

Konzentration

Übung 2: **Faust auf**

So geht's:

Die Schüler finden sich zu Paaren zusammen. Schüler A ballt die Hand zu einer festen Faust. Schüler B versucht, die Faust mit sanftem Hand-zu-Hand-Kontakt zu öffnen. Der Schüler A lässt sich dabei von seinen angenehmen Empfindungen leiten. Versucht Schüler B die Hand mit Gewalt zu öffnen, wird Schüler A seine Hand nur noch fester zusammenballen. Danach werden die Rollen getauscht.

 Tipp:

Diese Übung kann auch genutzt werden, um die Auswirkungen von Macht und Gewalt gegenüber einfühlendem Umgang miteinander spürbar zu machen. Der Lehrer weist die Schüler dann an, die Übung einmal ausdrücklich „einfühlend" und einmal ausdrücklich „grob" durchzuführen. Die anschließende Auswertung muss dann explizit die Gefühlsebene beziehen („Wie hat sich Schüler A beim einfühlenden Hand-zu-Hand-Kontakt und beim groben gefühlt? Wie ging es Schüler B mit beidem?").

 Ziel:
Konzentration auf Körperempfindung, Auswirkungen von sanftem Umgang spüren.

 Zeit:
5 Min.

 Material:
–

 Alter:
ab Klasse 1

Konzentration

Übung 3: **Blinder König**

So geht's:

Ein Schüler wird mit Blickrichtung zur Klasse vor die Klasse auf einen Stuhl gesetzt und bekommt die Augen verbunden. Dieser Schüler ist der blinde König, der einen großen Schatz besitzt (die Schatzkiste), die ihm die Räuber des Landes stehlen wollen. Deshalb liegt der Schatz unter seinem Stuhl. Die Schüler der Klasse müssen nun ganz still sein, damit der blinde König hören kann, ob ein Räuber kommt. Der Lehrer zeigt nun auf einen Schüler, der versucht, sich geräuschlos an den König anzuschleichen und die Schatzkiste zu stehlen. Hört der König den anschleichenden Räuber, ruft er laut „Diebe" und zeigt in die Richtung des Geräusches. Ist die Richtung richtig, muss der Räuber zurück auf seinen Platz und jemand anderes darf Räuber sein. Zeigt der König in die falsche Richtung, darf der Räuber „weiterschleichen". Gelingt es einem Räuber bis zur Schatzkiste vorzudringen, ist er als Nächster der blinde König.

 Ziel:
Absolute Stille herstellen, Konzentration auf Geräusche.

 Zeit:
min. 10 Min.

 Material:
Augenbinde, Kästchen mit Steinen o.Ä. als Schatzkiste

 Alter:
ab Klasse 1

Kimspiele

Auch alle Kimspiele fördern die Konzentration. Gleichzeitig schulen sie die Sinne. Die Schüler müssen z.B. mit geschlossenen Augen Dinge ertasten, Geräusche erkennen, Gerüche zuordnen oder sich Gegenstände, die sie nur kurz sehen, merken.

■ Gefühle

Gefühle sind der Motor unseres Handelns. Sie sind immer da und sie führen uns immer wieder in Situationen, die zu Konflikten führen. All das läuft meist unbewusst ab. Gerade Kinder ängstigt es oft, wenn in ihnen Gefühle da sind, die sie nicht einordnen können. Deshalb ist es wichtig, dass Schüler einerseits auf der kognitiven Ebene lernen, welche Gefühle es gibt und wie sie heißen, und dass sie andererseits aufmerksam werden für die Signale ihres eigenen Körpers bei den verschiedenen Gefühlen. Wenn Schüler (aber auch Erwachsene), die schnell ausrasten, beim Wütendwerden (oder wenn sie vielleicht Angst haben) frühzeitig merken, dass sie wütend werden, können sie noch rechtzeitig „die Kurve" kriegen, bevor die „Ausrastmechanik" in Gang gesetzt worden ist. Das Erkennen und Benennen von Gefühlen ist außerdem eine wichtige Voraussetzung, um **Empathiefähigkeit** zu entwickeln, klare **Ich-Botschaften** zu formulieren und einfühlsam zuzuhören. Im Klassenrat stehen die

Gefühle immer wieder im Mittelpunkt. Sie verbalisieren zu können, ist deshalb zentral wichtig. Dabei kommt es darauf an, nicht nur sagen zu können „Ich fühle mich gut." oder „Ich fühle mich schlecht.", sondern andere Wörter für die verschiedenen Gefühle in den aktiven Wortschatz aufzunehmen und diese Wörter dann den eigenen Empfindungen zuzuordnen.

Gefühle

Übung 1: **Gefühle pantomimisch darstellen**

 Ziel:
Gefühle körpersprachlich darstellen und erkennen.

 Zeit:
30 Min.

 Material:
Kärtchen mit Gefühlswörtern

 **Alter:**
ab Klasse 1

So geht's:
Die Schüler arbeiten in Partnerarbeit oder allein. Pro Gruppe gibt es ein Kärtchen mit einem Gefühl (Kopiervorlagen K24 – K25 im Anhang). Die Gruppen werden aufgefordert, sich zu überlegen, wie sie das Gefühl ohne Worte vorspielen können. Der Rest der Klasse muss versuchen, das Gefühl zu erraten. In einer kurzen Auswertung nach jeder Gruppe wird gesammelt, woran die Klasse das dargestellte Gefühl erkannt hat (Körperhaltung, Gesichtsausdruck).

 Tipp:
Die vorspielenden Schüler sind meist begeistert bei der Sache. Ein Applaus der Klasse für die Vorspielenden motiviert zusätzlich.

© Verlag an der Ruhr | Postfach 102251 | 45422 Mülheim an der Ruhr | www.verlagruhr.de | ISBN 3-8346-0060-1

Gefühle

Übung 2: **Wörter für Gefühle**

So geht's:

Die Klasse wird in Dreier- oder Vierergruppen aufgeteilt. Jede Gruppe erhält Moderationskarten in zwei verschiedenen Farben (z.B. gelb und blau) und einen Edding. Jede Gruppe soll nun so viele Gefühlswörter finden wie möglich, jedoch dabei in gute/angenehme Gefühle (gelbe Karten) und schlechte/unangenehme Gefühle (blaue Karten) unterscheiden.
Wichtig: Auf jede Karte nur ein Gefühlswort!

Wenn man möchte, kann man auch die Wortart vorgeben und sagen, dass nur Adjektive oder nur Substantive aufgeschrieben werden sollen. Jede Gruppe stellt ihre Ergebnisse im Plenum vor, indem die Karten nach Farben sortiert mit Magneten an die Tafel geheftet werden. So kann man gleiche Wörter sofort übereinander befestigen. Die Wörter werden noch einmal gemeinsam überprüft, ob auch alle wichtigen Gefühle dabei sind. Eine Liste von Gefühlen finden Sie im Anhang (s. Kopiervorlagen K24 – K25).

Nun kann eine Gruppe von Schülern bestimmt werden, die mit den Wörtern je ein Plakat für gute und schlechte Gefühle gestaltet, die dann beide im Klassenzimmer ausgehängt werden. Die Wörter sollten dabei so groß geschrieben sein, dass sie von den Schülern gut gelesen werden können. So kann man später im Klassenrat immer wieder auf die Plakate zurückkommen. Wenn z.B. ein Schüler nicht so richtig weiß, welches Wort für sein Gefühl passt, kann man sagen: „Schau mal auf unser Plakat – welches Wort wäre passend für dein Gefühl?"

Varianten:

1. Die Schüler finden die Gefühlswörter anhand von Gesichtern oder Menschenzeichnungen.
2. Man gibt die Wörter für die Gefühle vor und lässt sie nach den Oberbegriffen „traurige, ängstliche, wütende, fröhliche Gefühle" sortieren.

Je älter die Schüler, umso differenzierter kann man das Thema behandeln und die Wörter für ein Grundgefühl auch noch nach Stärke differenzieren lassen (z.B. sauer, ärgerlich, wütend, zornig usw.).

 Tipp:
Diese Übung kann auch gut in den Deutschunterricht (Wortschatzarbeit, Aufsatzvorbereitung, Wortarten) integriert werden.

 Ziel:
Wortschatzerweiterung; Unterscheidung von guten/angenehmen und schlechten/unangenehmen Gefühlen.

 Zeit:
25 Min.

 Material:
Moderationskarten in zwei verschiedenen Farben, je ein Edding pro Gruppe

 Alter:
ab Klasse 3

© Verlag an der Ruhr | Postfach 102251 | 45422 Mülheim an der Ruhr | www.verlagruhr.de | ISBN 3-8346-0060-1

© Verlag an der Ruhr | Postfach 102251 | 45422 Mülheim an der Ruhr | www.verlagruhr.de | ISBN 3-8346-0060-1

Gefühle

Übung 3: So fühle ich mich oft

Ziel:

Situationen finden, in denen ich ein Gefühl spüre.

Zeit:

30 Min.

Material:

–

Alter:

ab Klasse 1

So geht's:

Im Stuhlkreis wird ein Gefühlswort in die Mitte gelegt. Alle Schüler überlegen jetzt, in welcher Situation sie dieses Gefühl immer wieder spüren, und dürfen kurz (!) berichten. Die Schüler werden angehalten, zu beschreiben, wie sich das Gefühl anfühlt und wo sie es spüren.

Gefühle

Übung 4: Jeder fühlt ein bisschen anders

Ziel:

Eigene Gefühle erkennen; erkennen, dass Gefühle individuell verschieden sein können und dass man nicht „falsch" oder „richtig" fühlen kann.

Zeit:

20 Min.

Material:

Arbeitsblatt (s. Anhang K26) (oder ausgewählte Situationen vorlesen)

Alter:

ab Klasse 3 mit Arbeitsblatt, sonst ab Klasse 1

So geht's:

Die Schüler arbeiten allein. Jeder bekommt ein Arbeitsblatt mit Situationen (s. Kopiervorlage K26) und schreibt auf, wie er sich in der Situation fühlt. Bei der anschließenden Auswertung sollte klarwerden, dass in der gleichen Situation unterschiedliche Gefühle entstehen. Damit wird auch klar, dass ein anderer andere Gefühle haben kann als ich selbst und dass man Gefühle nicht in „richtige" und „falsche" Gefühle einteilen kann.

Variante für Schüler, die noch nicht schreiben können: Der Lehrer trägt die Situationen vor und lässt die Schüler im Plenum sammeln, welche Gefühle der jeweilige Schüler hat.

Diese Übung entstand in Anlehnung an eine Übung aus dem Buch „Wir werden eine Klassengemeinschaft" von H. Fiebig und F. Winterberg.

© Verlag an der Ruhr | Postfach 102251 | 45422 Mülheim an der Ruhr | www.verlagruhr.de | ISBN 3-8346-0060-1

Gefühle

Übung 5: Starke Gefühle – schwache Gefühle

So geht's:

Der Lehrer teilt jedem Schüler ein Arbeitsblatt aus (s. Kopiervorlage K27) aus. Dann bittet er die Schüler, sich in eine Situation hineinzudenken, die mit starken Gefühlen verbunden ist (Beispiel: „Stelle dir vor, du hast Geburtstag. Du hast dir schon ganz lange eine bestimmte Sache gewünscht. Du willst nur dieses eine Geschenk. Am Geburtstag packst du deine Geschenke aus. Das, was du dir so sehr gewünscht hast, ist nicht dabei."). Jetzt soll jeder für sich sein Gefühl erkennen und an der dafür vorgesehenen Stelle aufschreiben. Anschließend soll jeder entscheiden, wie stark dieses Gefühl auf einer Skala von 1 bis 10 ist und dort ein Kreuz machen. Jetzt sollen die Schüler noch einmal nachspüren, wo sie dieses Gefühl empfinden, und diese Stelle auf dem Männchen umkringeln. In die Denkblasen dürfen die Schüler schreiben, was ihnen durch den Kopf geht (das darf ruhig unzensiert sein).

Anschließend werden die Ergebnisse zusammengetragen. Dabei ist wichtig, die Gefühle nicht abzuwerten. Jedes Gefühl ist subjektiv da; es gibt keine falschen und richtigen Gefühle. Auch bei den Denkblasen ist es wichtig, dass die Schüler sagen können, was ihnen durch den Kopf geht. Schließlich ist „stummes" Fluchen auch eine Möglichkeit, negative Gefühle abzubauen. Werden die Aussagen zu „heftig", kann man mit dem Hinweis, man habe verstanden, was der Schüler meint, den nächsten drannehmen oder darauf verweisen, dass dies ja nur Gedanken sind, die wir natürlich öffentlich so nicht sagen dürfen.

Variante: Statt die Skala für die Stärke des Gefühls zu verwenden, kann man die Schüler auch bitten, sich an einer Skala entlang im Klassenraum aufzustellen. Dann wird ganz offensichtlich, dass die Gefühlsstärke bei den Schülern unterschiedlich ist. Zur Weiterführung kann man die Schüler berichten lassen, wie sie es schaffen, dass ihr Gefühl nicht so stark ist (die Schüler können mit einem sehr starken Gefühl neue Strategien für den Umgang mit ihrem Gefühl erlernen).

Wenn die Schüler gerne malen, kann eine weiterführende Aufgabe sein, das Gefühl in ein Bild oder in Farben zu fassen.

 Tipp:
Diese Übung ist sehr komplex. Man kann das Arbeitsblatt je nach Alter der Schüler in Einzelschritten oder als Ganzes bearbeiten lassen.

 Ziel:
Das eigene Gefühl erkennen und benennen; erkennen, dass dasselbe Gefühl bei verschiedenen Menschen unterschiedlich stark sein kann; zuordnen, wo man das Gefühl spürt.

 Zeit:
45 Min.

 Material:
Arbeitsblatt (s. Kopiervorlage K27 im Anhang)

 Alter:
ab Klasse 3

© Verlag an der Ruhr | Postfach 102251 | 45422 Mülheim an der Ruhr | www.verlagruhr.de | ISBN 3-8346-0060-1

▦ Empathiefähigkeit

Empathie ist eine Fähigkeit, die im **sozialen Miteinander** entwickelt wird. Erstes Lernfeld dafür ist die Familie. Hier wird Empathiefähigkeit, die für den menschlichen Umgang in unserer Gesellschaft unabdingbar ist, grundlegend vermittelt. Die Bildungseinrichtungen sind das zweite wichtige Lernfeld.

Neben dem Vorbildlernen kann der Klassenrat ein Ort sein, wo Empathie nicht nur nötig ist, sondern wo die Schüler ausdrücklich (beim Perspektivenwechsel) zur Empathie angehalten werden. Zugang zu den eigenen Gefühlen ist die Voraussetzung für Empathiefähigkeit. Die folgenden Übungen sollten deshalb nur durchgeführt werden, wenn die Schüler eigene Gefühle erkennen und benennen können.

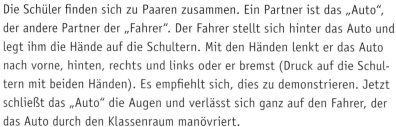

Empathiefähigkeit

Übung 1: **Autofahren**

Ziel:
Sich in den Partner einfühlen; erspüren, welches Verhalten ich aufgrund der Einfühlung in den Partner zeige.

Zeit:
20 Min.

Material:
–

Alter:
ab Klasse 3

So geht's:
Die Schüler finden sich zu Paaren zusammen. Ein Partner ist das „Auto", der andere Partner der „Fahrer". Der Fahrer stellt sich hinter das Auto und legt ihm die Hände auf die Schultern. Mit den Händen lenkt er das Auto nach vorne, hinten, rechts und links oder er bremst (Druck auf die Schultern mit beiden Händen). Es empfiehlt sich, dies zu demonstrieren. Jetzt schließt das „Auto" die Augen und verlässt sich ganz auf den Fahrer, der das Auto durch den Klassenraum manövriert.
Hilfreiche Regeln: Das Auto darf nirgends anstoßen. Auto und Fahrer machen keine Geräusche. Nach einigen Minuten wird gewechselt. Bei der anschließenden Auswertung sollte man darauf achten, dass jedes Auto dem Fahrer ein kurzes Feedback zu den eigenen Empfindungen gibt („Wie hast du dich als Auto bei deinem Fahrer gefühlt?").

 Tipp:
Bei jüngeren Schülern und „ungestümen" Klassen kann man vor Beginn des eigentlichen Autofahrens eine Imagination stellen („Stelle dir vor, du stehst mit geschlossenen Augen im Klassenzimmer und jemand anderes führt dich. Spüre genau, wie du dich mit geschlossenen Augen fühlst. Du bist jetzt ganz von dem, der dich führt, abhängig. Welches Verhalten wünschst du dir von ihm? Was genau soll er tun oder nicht tun.").
Es ist hilfreich, ein Signal zu vereinbaren, bei dem alle Autos und Fahrer anhalten. So kann man zwischendurch weitere Anweisungen geben und gleichzeitig die Fahrer wieder „beruhigen".

© Verlag an der Ruhr | Postfach 102251 | 45422 Mülheim an der Ruhr | www.verlagruhr.de | ISBN 3-8346-0060-1

© Verlag an der Ruhr | Postfach 102251 | 45422 Mülheim an der Ruhr | www.verlagruhr.de | ISBN 3-8346-0060-1

Empathiefähigkeit

Übung 2: **Eine Situation – zwei Gefühle**

So geht's:

Die Schüler arbeiten allein oder in Gruppen. Jeder bekommt ein Arbeitsblatt mit Situationen (s. Kopiervorlage K28a und K28b). Allein oder in der Gruppe entscheiden die Schüler, wie sich der beschriebene Schüler fühlt und was er sich wohl wünscht. Bei der anschließenden Auswertung ist darauf zu achten, dass klar wird, dass die Situation im Prinzip jeweils dieselbe ist, dass aber dennoch aufgrund der unterschiedlichen Vorerfahrungen unterschiedliche Gefühle und Wünsche entstehen. Damit wird auch klar, dass ein anderer andere Gefühle haben kann als ich selbst und dass man Gefühle nicht in „richtige" und „falsche" Gefühle einteilen kann.

Variante für Schüler, die noch nicht schreiben können: Der Lehrer trägt die Situationen vor und lässt die Schüler im Plenum sammeln, welche Gefühle der jeweilige Schüler hat.

 Tipp:

Als Weiterführung kann man mit den Schülern gemeinsam überlegen, wie man in jeder Situation einfühlend zuhören kann, damit sich die Person verstanden fühlt.

 Ziel:
Erkennen, dass dieselbe Situation unterschiedliche Gefühle auslösen kann; sich einfühlen in eine andere Person und deren Wünsche erkennen.

 Zeit:
30 Min.

 Material:
Arbeitsblatt (s. Anhang Kopiervorlage K28a und K28b) (oder Situationenblatt zum Vorlesen)

 Alter:
ab Klasse 3 mit Arbeitsblatt, sonst ab Klasse 1

© Verlag an der Ruhr | Postfach 102251 | 45422 Mülheim an der Ruhr | www.verlagruhr.de | ISBN 3-8346-0060-1

Empathiefähigkeit

Übung 3: **Perspektivenwechsel**

So geht's:

Der Lehrer erzählt eine Geschichte oder greift auf eine bekannte Geschichte oder ein Märchen zurück. Die Schüler werden jetzt gebeten, die Geschichte aus dem Blickwinkel einer Person zu erzählen (z.B. Rotkäppchen und der Wolf aus der Perspektive des Wolfes oder der Großmutter). Bei älteren Schülern kann dies auch als Hausaufgabe aufgegeben werden. Sonst empfiehlt es sich, Gruppen zu bilden und in der Gruppe mündlich reihum zu erzählen.

 Ziel:
Sich in eine andere Person einfühlen.

 Zeit:
je nach Geschichte

 Material:
eine Geschichte oder ein Märchen

 Alter:
je nach Art der Geschichte

Ziele, Vorteile, Organisation

▣ Einfühlendes Zuhören

Über das Vorbild der Klassenratsleitung lernen die Schüler auch selbst, wie einfühlendes Zuhören geht und wie gut es tut. Die o.g. Übungen zum Zuhören und zur Empathiefähigkeit passen auch zum einfühlenden Zuhören.

Einfühlendes Zuhören

Übung 1: **Schatten**

Ziel:
Die wahrgenommenen Gedanken und Wünsche eines anderen verbalisieren.

Zeit:
45 Min.

Material:
–

Alter:
ab Klasse 5

So geht's:
Die Schüler finden sich in Vierergruppen zusammen. 2 Schüler sitzen sich auf Stühlen gegenüber, die anderen beiden stehen als „Schatten" hinter den Stühlen. Die beiden Schüler auf den Stühlen unterhalten sich etwa 5 Minuten über ein beliebiges Thema, das die Lehrkraft vorgeben kann. Nach jedem Redebeitrag formuliert der „Schatten" des Schülers, der geredet hat, das, was er im Redebeitrag an Inhalt, Gefühl und Wünschen wahrgenommen hat.

Nach Abschluss des Gesprächs gibt jeder Redner (Schüler auf dem Stuhl) seinem „Schatten" Feedback darüber, wie er sich bei der Wiederholung von Inhalt, Gefühl und Wunsch gefühlt hat. Dann werden die Rollen getauscht. Im Plenum kann nach Ende der Gruppenphase eine abschließende Auswertung erfolgen, mit der Frage, was den Schülern aufgefallen ist und was sie gelernt haben.

© Verlag an der Ruhr | Postfach 102251 | 45422 Mülheim an der Ruhr | www.verlagruhr.de | ISBN 3-8346-0060-1

© Verlag an der Ruhr | Postfach 102251 | 45422 Mülheim an der Ruhr | www.verlagruhr.de | ISBN 3-8346-0060-1

Einfühlendes Zuhören

Übung 2: **Ich höre dir nicht zu**

So geht's:

Die Schüler finden sich in Zweiergruppen zusammen. Von jedem Paar geht einer vor die Tür. Alle Schüler vor der Tür bekommen die Arbeitsanweisung, ihrem Partner/ihrer Partnerin zu erzählen, was sie am gestrigen Tag gemacht haben. Alle Schüler im Klassenzimmer bekommen die Anweisung, ihrem Partner – egal was er macht oder sagt – auf keinen Fall zuzuhören. Bei der anschließenden Auswertung sollte das Augenmerk auf die entstehenden Gefühle der Beteiligten gelegt werden.

 Ziel:
Erfahren, wie es ist, wenn einem nicht zugehört wird.

 Zeit:
10 Min.

 Material:
–

 Alter:
ab Klasse 4

Einfühlendes Zuhören

Übung 3: **Kontrollierter Dialog**

So geht's:

Die Schüler werden in Dreiergruppen aufgeteilt. Jede Gruppe sucht sich ein Thema (z.B. „Was gefällt mir am Matheunterricht?" oder „Mein Lieblingssport"). Über dieses Thema unterhalten sich die Schüler A und B, Schüler C ist der Beobachter. Der Schüler A beginnt. Bevor aber nun Schüler B seine Meinung zum Thema sagt, muss er zuerst die Aussagen von A wiederholen. Wenn B sein eigenes Statement geäußert hat, muss A dies wiederholen und kann dann selbst weiterreden. Schüler C beobachtet, hat die Zeit im Blick und gibt ein kurzes Feedback nach Abschluss des Gesprächs. Anschließend wird gewechselt, sodass jeder einmal Beobachter ist. Zurück im Plenum wird gefragt: „Welche Erfahrungen habt ihr mit der Übung gemacht?"

 Ziel:
Genau zuhören, sich in die Gedankenwelt des Partners einfühlen.

 Zeit:
30 Min.

 Material:
–

 Alter:
ab Klasse 3

Klare Kommunikation durch Ich-Botschaften

Ich-Botschaften helfen mit, das eigene Anliegen angemessen vorzubringen und einen möglichen Konflikt zu deeskalieren. Deshalb sollten die Schüler im Klassenrat immer wieder aufgefordert werden, **von sich und nicht über andere zu sprechen**. Damit die Schüler klar kommunizieren lernen, braucht es stetiges Training, das umso erfolgreicher ist, wenn klare Kommunikation auch sonst in der Klasse, in der Schule und in der Familie eingesetzt wird. Deshalb ist es empfehlenswert, die Eltern nicht nur über den Klassenrat zu informieren, sondern auch über die Art der Kommunikation und der Konfliktlösung. Je nachdem, wie offen Eltern für das Thema sind, profitieren auch sie für die Art des Umgangs in der Familie davon.

Klare Kommunikation durch Ich-Botschaften

Übung 1: **Rollenspiele**

Ziel:
Klare Kommunikation durch Ich-Botschaften einüben.

Zeit:
90 Min.

Material:
Rollenkarten, Arbeitsblatt (s. Kopiervorlagen K29 – K32 im Anhang)

Alter:
ab Klasse 5

So geht's:

Vorausgegangen ist die Einführung der Ich-Botschaften in der Klasse (s. S. 124). Die Schüler finden sich zu zweit zusammen. Jede Gruppe erhält eine Konfliktsituationskarte (s. Kopiervorlagen K31 – K32). Für diese Konfliktsituation soll jedes Paar nun zunächst die Ich-Botschaft formulieren. Dazu erhält jede Gruppe ein Arbeitsblatt (s. Kopiervorlage K30), auf der die Mitteilung vorstrukturiert ist. Nachdem die Botschaft formuliert ist, übt jedes Paar die Ich-Botschaft und gibt sich gegenseitig Rückmeldung zur Wirkung. Dann werden die Situationen vor der Klasse vorgespielt.

Der Klasse wird die Situation mitgeteilt. Einer aus der Arbeitsgruppe formuliert die Ich-Botschaft vor der Klasse. Die Klasse achtet darauf, ob alle Teile in der Botschaft enthalten sind, und gibt Rückmeldung zu der Wirkung.

Alternative: Der Lehrer ist der Adressat der Ich-Botschaft und gibt direkt Antwort: Wenn die Botschaft alle Teile enthielt, spielt er so, dass das Verhalten sich ändert („Okay, ich frage dich nächstes Mal."). Sind Teile noch nicht ganz vollständig formuliert, geht er auf diese ein, fragt nach oder eskaliert den „Streit".

© Verlag an der Ruhr | Postfach 102251 | 45422 Mülheim an der Ruhr | www.verlagruhr.de | ISBN 3-8346-0060-1

Klare Kommunikation durch Ich-Botschaften

Übung 2: **Giraffensprache** (1/2)

Aufbauend auf den Grundlagen von Marshall Rosenberg zur gewaltfreien Kommunikation entstand der Begriff „Giraffensprache", wenn man aufrichtig und einfühlsam miteinander redet. Wir benutzen ihn, um die Schüler an eine Kommunikation in Ich-Botschaften heranzuführen. Insbesondere Grundschulkinder haben mit diesem Begriff einen besseren Zugang zur klaren Kommunikation durch Ich-Botschaften, da sie ihn sofort emotional positiv besetzen.

 Ziel:
Klare Kommunikation durch Ich-Botschaften erlernen.

 Zeit:
90 Min. (plus Einüben)

 Material:
–

 Alter:
Klasse 1 – 5

So geht's:

Wir wollen hier nur eine Kurzversion der Einführung in die Giraffensprachen vorstellen. Ausführlich beschrieben finden sich Einführung und Einübung (mit einem Umfang von 15 – 25 Schulstunden) in der Publikation „Achtsamkeit und Anerkennung" der Bundeszentrale für gesundheitliche Aufklärung. Ausgehend von der Idee, dass sich alle in der Klasse wohl fühlen wollen (Hier kann man die Schüler sammeln lassen: „Was brauche ich, damit ich mich in der Schule wohl fühlen kann?"), ist es den Schülern einsichtig, dass dazu eine Sprache gehört, die freundlich und nett ist und bei der eher angenehme als unangenehme Gefühle entstehen.
Gleichzeitig wissen die Schüler, dass es immer wieder zu Konflikten kommt, die so ausgetragen werden, dass negative Gefühle entstehen und manchmal dauerhaft bleiben (Konfliktsituationen mit den Schülern sammeln). Anhand einer konkreten Situation kann der Lehrer die unterschiedliche Wirkung demonstrieren:

„Ey, du Blödmann, gib mir sofort meinen Stift zurück, sonst setzt es was." versus *„Wenn du meinen Stift nimmst, ohne mich zu fragen, bin ich echt sauer. Ich möchte, dass du ihn mir zurückgibst."*

Dann kann man den Schülern erklären, dass man gemeinsam diese Sprache erlernen und einüben möchte, damit die ganze Klasse im Klassenrat und auch sonst diese „Wohlfühlsprache" benutzen kann. Die Sprache wird dann Giraffensprache getauft, weil die Giraffe das Landtier mit dem größten Herzen ist (Sprache, die von Herzen kommt) und weil sie durch ihren langen Hals einen guten Überblick hat (Distanz zum Geschehen). Wichtig ist es dann, die Merkmale der Giraffensprache herauszuarbeiten und möglichst im Klassenzimmer zu visualisieren, damit man im Klassenrat immer wieder darauf zurückkommen kann.

Wenn ich mich über einen anderen ärgere oder er etwas tut, was mich stört, rede ich in der **Giraffensprache**. Die Giraffensprache besteht aus 3 Teilen:

▶ Ich sage dem anderen, was mich stört.
   Beispiel: Du hast meinen Stift weggenommen.
▶ Ich sage, was ich fühle.
   Beispiel: Deshalb bin ich sauer.
▶ Ich sage, was ich mir vom anderen wünsche.
   Beispiel: Ich möchte, dass du mir den Stift zurückgibst.

© Verlag an der Ruhr | Postfach 102251 | 45422 Mülheim an der Ruhr | www.verlagruhr.de | ISBN 3-8346-0060-1

Klare Kommunikation durch Ich-Botschaften

Übung 2: **Giraffensprache** (2/2)

Die Giraffensprache kann dann im Klassenrat immer wieder eingeübt werden. Wenn ein Schüler sein Anliegen als Vorwurf oder Anklage im Klassenrat vorbringt, kann der Lehrer oder der Moderator auf die Giraffensprache hinweisen und helfen, die drei Teile zu formulieren. Wichtig sind dabei insbesondere die beiden ersten Teile: Die vorwurfslose Beschreibung des störenden Verhaltens deeskaliert den Konflikt und hilft dem Konfliktpartner zu verstehen, was genau den anderen stört (Kamera!). Insbesondere zu Beginn der Einübung der Giraffensprache ist wichtig, immer wieder daran zu erinnern, dass ja alle richtig verstehen wollen, was passiert ist („Der hat mich geärgert." ist keine Beschreibung dessen, was stört, weil nicht genau beschrieben ist, was der andere gesagt oder getan hat). Die Formulierung des eigenen Gefühls gibt dem Konfliktpartner die Gelegenheit, sich in den anderen einzufühlen. Mit dem 3. Teil der Giraffensprache gibt es meist keine Probleme.

 Tipp:

Das Gegenteil der Giraffensprache heißt in der deutschen Variante „Wolfssprache". Allerdings empfehlen wir, mit diesem Ausdruck vorsichtig zu sein oder ihn ganz wegzulassen, da die Schüler manchmal Mitleid mit dem armen Wolf empfinden, der so negativ belegt wird, und sich dann gegen das ganze System wehren.

Eine Giraffe basteln

Die Giraffensprache gibt insbesondere bei jüngeren Schülern viel Raum für gestalterische Einheiten. So kann man etwa aus Papierstreifen, einer Klorolle und etwas Pappe für Füße und Kopf eine Giraffe basteln. Dafür werden die Papierstreifen zu vier Hexentreppen für die Beine und einer längeren Hexentreppe für den Hals gefaltet. Die leere Klorolle wird beklebt und ist der Körper. Die Beine und der Hals werden an die Klorolle gelebt. Aus Pappe schneidet man Füße (Ovale), die unten an die Beine geklebt werden, und einen Kopf aus, der am Hals befestigt wird. Zum Schluss wird ein Band durch Kopf und Körper gezogen, damit man die Giraffe aufhängen kann. (Diese Idee verdanken wir Filippo aus der 3. Klasse der Grundschule Ispringen.)

 Ich kann Ärger mitteilen, ohne dass es Ärger gibt.
Für ältere Schüler eignet sich die Giraffensprache als Begriff meist nicht mehr. Deshalb sollte man in höheren Klassen eher darauf abzielen, dass es darum geht, seinen Ärger nicht herunterzuschlucken (deshalb gibt es auch den Klassenrat), sondern akzeptabel mitzuteilen, worüber man sich geärgert bzw. was einen gestört hat. Dabei geht man genauso vor, wie bei der Einführung der Giraffensprache, präsentiert also die „klare Ärgermitteilung" auf einer Folie (s. Kopiervorlage K29 – K30) und kann dann im Klassenrat ebenso am konkreten Fall üben. Auch hier sollte man insbesondere auf die Beschreibung (nicht: Bewertung) des Verhaltens achten. Die „klare Ärgermitteilung" ist außerdem um einen Schritt gegenüber der Giraffensprache erweitert, nämlich die Benennung der Folgen, die das Verhalten für den Mitteilenden hat. Dadurch kann der Konfliktpartner erkennen, welche Folgen sein Verhalten hat, und ist eher bereit, dieses zu verändern.

© Verlag an der Ruhr | Postfach 102251 | 45422 Mülheim an der Ruhr | www.verlagruhr.de | ISBN 3-8346-0060-1

Konflikte konstruktiv lösen

Eine zentrale Aufgabe des Klassenrats ist es, den Schülern einen konstruktiven Umgang mit Konflikten nahezubringen. Gelingt es, die Schüler erfahren zu lassen, dass Konflikte **normal** sind und dass man sie mit etwas gutem Willen **ohne Verlierer** lösen kann, erwerben die Schüler wertvolle Fähigkeiten für ihr späteres Berufs- und Privatleben. Die einzelnen Schritte der Konfliktlösung sind in Kap. 3 ausführlich dargestellt. Die folgenden Übungen helfen mit, diese einzelnen Schritte nochmals zu vertiefen.

Konflikte konstruktiv lösen

Übung 1: **Brainstorming**

Das Brainstorming ist eine kreative Methode zur Lösungsfindung. Diese Übung führt die Schüler spielerisch an die Methode heran.

So geht's:

Die Schüler arbeiten in Gruppen von 4 – 6 Personen. Jede Gruppe erhält Moderationskarten und einen Stift. Jede Gruppe einigt sich auf eine Person, die schreibt (was insbesondere bei jüngeren Schülern wichtig ist).
Der Lehrer erklärt, dass jede Arbeitsgruppe eine „Firma" ist, die eigentlich Kugelschreiber herstellt. Leider hat es eine Fehlproduktion gegeben und die Firma hat versehentlich nur die „Unterteile" (am besten Kuli auseinanderdrehen und den Schülern zeigen) hergestellt. Aus diesen Unterteilen muss nun etwas anderes hergestellt werden, da die Firma sonst pleite ist. Jede Arbeitsgruppe soll nun möglichst viele Ideen sammeln, was die Firma aus den „Unterteilen" herstellen kann.

Regeln für das Sammeln: Jede Idee wird aufgeschrieben (auch völlig unrealistische). Auf jede Karte kommt eine Idee. Kommentare zu den Ideen sind verboten. Die Schüler haben 10 Min. Zeit, um ihre Ideen zu sammeln. Dann werden die Ideen aus allen Gruppen zusammengeführt und die Übung ausgewertet („Was habt ihr erfahren?"). Zum Schluss fasst der Lehrer noch einmal die Vorteile und die Regeln für das Brainstorming zusammen.

 Ziel:
Die Methode „Brainstorming" erlernen.

 Zeit:
45 Min.

 Material:
Moderationskarten, dicke Stifte

 Alter:
ab Klasse 3

© Verlag an der Ruhr | Postfach 102251 | 45422 Mülheim an der Ruhr | www.verlagruhr.de | ISBN 3-8346-0060-1

Konflikte konstruktiv lösen

Übung 2: **Was ich wahrnehme**

Ziel:

Erkennen, dass jedes Ding (auch ein Konflikt) aus einer anderen Perspektive anders aussieht und dass jeder ein etwas anderes Bild von den Dingen hat.

Zeit:

45 Min.

Material:

Stuhl, Aktentasche, verschiedene kleine Gegenstände

Alter:

ab Klasse 3

So geht's:

Der Lehrer baut in Abwesenheit der Klasse vorne im Klassenraum ein Stillleben auf. Auf einen Stuhl, dessen Lehne zur Klasse zeigt, stellt er eine Aktentasche und hinter die Aktentasche Richtung Tafel einige (3–4) kleine Gegenstände (z.B. ein Ball, eine Glocke, eine Tasse). Wenn die Schüler hereinkommen und sitzen, dürfen sie nur die Stuhllehne und die Aktentasche sehen, aber nicht die Gegenstände. Zwischen Stuhl und Wand sollte außerdem so viel Platz bleiben, dass dort 3–4 Schüler stehen können.

Der Lehrer bittet die Klasse, zu beschreiben, was sie sieht („Ein Stuhl mit einer Aktentasche." „Beschreibt bitte ganz genau." „Ein Stuhl, dessen Lehne zur Klasse zeigt, ..."). Jetzt bittet die Lehrkraft 3–4 Schüler nach vorne. Sie stellen sich zwischen den Stuhl und die Tafel und beschreiben jetzt nacheinander möglichst genau (aber nicht zu lange), wie sie das Stillleben von der anderen Seite sehen. Anschließend wird die Klasse auf der anderen Seite gebeten, das Stillleben so zu malen, wie die 3–4 Schüler es von ihrem Blickwinkel aus beschrieben haben. Die Bilder werden anschließend mit dem Original (Stuhl umdrehen) verglichen. Die Auswertung des „Experiments" geschieht im Plenum („Was hast du erfahren?").

Konflikte konstruktiv lösen

Übung 3: **Konflikt ist für mich wie ...**

Ziel:

Erkennen, dass Konflikte normal sind und Lernchancen bieten.

Zeit:

20 Min.

Material:

Moderationskarten, dicke Stifte

Alter:

ab Klasse 5

So geht's:

Im Stuhlkreis legt der Lehrer das Wort „Konflikt" oder „Streit" in die Mitte und bittet die Schüler zu sagen, welche Assoziationen sie zu diesem Wort haben. Diese werden auf Moderationskarten notiert und zu dem Wort in der Mitte dazugelegt. Die Auswertung unter der Fragestellung „Was fällt euch auf?" zeigt, dass dieses Wort unterschiedliche Assoziationen hervorruft und unterschiedlich bewertet wird.

Varianten: Statt der freien Assoziation zu einem Wort kann auch ein Satzanfang („Konflikt/Streit ist für mich wie ...") vorgegeben werden. Eine andere Möglichkeit ist, die Schüler allein arbeiten zu lassen. Dabei schreibt jeder das Wort Konflikt von oben nach unten auf ein Blatt und assoziiert frei zu den einzelnen Buchstaben.

Die Ergebnisse können ausgestellt und diskutiert werden.

K *Krise*
O *Offenheit*
N *Neid*
F *Flucht*
L
I
K
T

Der Klassenrat

© Verlag an der Ruhr | Postfach 102251 | 45422 Mülheim an der Ruhr | www.verlagruhr.de | ISBN 3-8346-0060-1

Kapitel 6

Anhang:
Kopiervorlagen

KLASSENRAT

Klasse _____ **der** _____ **Schule**

Datum _____	Leitung der Sitzung _____
Zeitdauer _____	Protokollant/in _____
Fehlende Schüler/innen _____	

Protokoll (1/2)

Was ist aus den Ergebnissen vom letzten Mal geworden?

_____

_____

_____

_____

Welche Anliegen oder Probleme gibt es heute?

_____

_____

_____

_____

Anliegen 1

_____

_____

Beschluss

_____

_____

Zu erledigen ist ...	**von ...**	**bis ...**
_____	_____	_____
_____	_____	_____

© Verlag an der Ruhr | Postfach 102251 | 45422 Mülheim an der Ruhr | www.verlagruhr.de | ISBN 3-8346-0060-1

Protokoll (1/2)

Anliegen 2

_____

_____

Beschluss

_____

_____

Zu erledigen ist ...   **von ...**   **bis ...**

_____   _____   _____

_____   _____   _____

Anliegen 3

_____

_____

Beschluss

_____

_____

Zu erledigen ist ...   **von ...**   **bis ...**

_____   _____   _____

_____   _____   _____

Anliegen 4

_____

_____

Beschluss

_____

_____

Zu erledigen ist ...   **von ...**   **bis ...**

_____   _____   _____

_____   _____   _____

_____, den _____   _____

                                                            Protokollant/in

Ziele, Vorteile, Organisation

Der Ablauf der Klassenratssitzung

Setting: Alle sitzen im Kreis; möglichst immer in der gleichen Stunde durchführen;

Klassenratsbuch o. Ä. und Redegegenstand bereithalten.

Vorab: Gesprächsregeln erarbeiten und sichtbar aushängen!

0. Vorbereitung der Klassenratssitzung

▶ Schriftliche Anmeldung der Themen prüfen

▶ Wer leitet, wer führt das Protokoll, wer verliest die Beschlüsse?

1. Eröffnung der Sitzung und Positive Runde

▶ Begrüßung

▶ Regeln wiederholen, z.B.: Ich rede nur, wenn ich den Ball habe. Ich höre zu, wenn ein anderer spricht. Ich melde mich, wenn ich etwas sagen möchte. Ich rede von mir, nicht über andere (keine Beleidigungen).

▶ Schüler auffordern zu berichten, was sie in der Woche/heute gut fanden.

2. Was ist aus den Ergebnissen vom letzten Mal geworden?

▶ Fragen: „Hat es geklappt?"; zuerst Betroffene, dann die anderen.

▶ Fragen: „Wollen wir es (den Lösungsvorschlag) weiter probieren?"

3. Welche Anliegen oder Probleme gibt es heute?

▶ Entsprechend der Anmeldung fragen, ob die Beteiligten ihr Anliegen/Problem noch besprechen wollen oder ob es sich erledigt hat.

▶ Zustimmung zur Besprechung von allen Beteiligten einholen.

▶ Anliegen/Probleme schriftlich festhalten.

▶ Reihenfolge (nach Dringlichkeit) gemeinsam festlegen.

4. Wir besprechen das Problem oder Anliegen

▶ Die am Konflikt beteiligten Partner stellen das Problem je aus ihrer Sicht dar (ausreden lassen, zuhören, nicht beleidigen).

▶ Nachfragen, um zu klären:

• Worin besteht das Problem?

• Wer hat das Problem?

• Wie sieht das Problem von verschiedenen Seiten aus?

• Wie geht es den einzelnen Beteiligten? (Gefühle aussprechen, in den anderen einfühlen)

• Was woll(t)en die Beteiligten erreichen?

5. Wir suchen eine Lösung und einigen uns

▶ Sammeln von Lösungsvorschlägen (Brainstorming) – notieren –

▶ Sortieren und bewerten

▶ Betroffene fragen: „Zu welchen Vorschlag sagst du JA?"

▶ Lösung auswählen (ausgewogen, durchführbar, wer tut was mit wem bis wann?)

▶ Vereinbarung für eine Woche ausprobieren

6. Wir schreiben das Ergebnis auf

▶ Beschlüsse im Klassenratsbuch festhalten

▶ Abschluss: Allen Beteiligten danken!

© Verlag an der Ruhr | Postfach 102251 | 45422 Mülheim an der Ruhr | www.verlagruhr.de | ISBN 3-8346-0060-1

Konfliktmoderation im Klassenrat

I Zustimmung einholen ⟹ Phase ③ des Klassenrats

Freiwilligkeit, Regeln, Ablauf Abfrage der zu klärenden Anliegen/Probleme

II Beschreibung des Konflikts ⟹ Phase ④ des Klassenrats

aus Sicht jedes Beteiligten Besprechung des Anliegens/Problems

III Konflikterhellung ⟹ Phase ④ des Klassenrats

Gefühle, Bedürfnisse, Absichten Besprechung des Anliegens/Problems

IV Perspektivenwechsel ⟹ Phase ④ des Klassenrats

Gefühle des anderen nachempfinden Besprechung des Anliegens/Problems

V Lösungen suchen ⟹ Phase ⑤ des Klassenrats

Brainstorming der Klasse Lösungssuche und Vereinbarung

VI Lösungen bewerten und auswählen ⟹ Phase ⑤ des Klassenrats

Alternativen, Folgen, Auswirkungen Lösungssuche und Vereinbarung
Konfliktpartner entscheiden sich für
akzeptable Lösung

VII Vereinbarung treffen ⟹ Phase ⑤ + ⑥ des Klassenrats

Wer tut was mit wem bis wann? Lösungssuche und Vereinbarung + Protokoll
Protokoll

© Verlag an der Ruhr | Postfach 102251 | 45422 Mülheim an der Ruhr | www.verlagruhr.de | ISBN 3-8346-0060-1

Von der unklaren
zur klaren Kommunikation
(Du-Botschaft versus Ich-Botschaft)

Verwandeln Sie bitte die folgenden unklaren Aussagen in Ich-Botschaften!

▶ „Dein Vortrag ist völlig unverständlich!"

_____

_____

▶ „Mit deinem Geschmiere gebe ich mich gar nicht ab."

_____

_____

▶ „Du enttäuschst mich."

_____

_____

▶ (zu einer Schülerin ohne Hausaufgaben) „Du bist stinkfaul."

_____

_____

▶ (zu einem zu spät kommenden Schüler) „Kommst du auch schon?"

_____

_____

▶ „Super, welche Fortschritte du in den letzten Wochen gemacht hast."

_____

_____

© Verlag an der Ruhr | Postfach 102251 | 45422 Mülheim an der Ruhr | www.verlagruhr.de | ISBN 3-8346-0060-1

Konfrontierende Ich-Botschaften formulieren

Situation 1:

Sie stehen beim Bäcker in der Schlange. Ein Mann kommt herein und stellt sich vor Ihnen in die Schlange.

▶ Störendes Verhalten: _____

▶ Meine Gefühle: _____

▶ Folgen für mich: _____

▶ Meine Erwartung: _____

Situation 2:

Eine Kollegin leiht sich ein Buch bei Ihnen aus; am nächsten Tag bekommen Sie es zerknickt zurück.

▶ Störendes Verhalten: _____

▶ Meine Gefühle: _____

▶ Folgen für mich: _____

▶ Meine Erwartung: _____

Situation 3:

Sie lesen im Klassenrat die Beschlüsse der letzten Woche vor. Zwei Schüler reden miteinander.

▶ Störendes Verhalten: _____

▶ Meine Gefühle: _____

▶ Folgen für mich: _____

▶ Meine Erwartung: _____

Situation 4:

Sie sitzen am Pult. Ein Schüler kommt und reißt im Vorbeigehen einige Dinge vom Tisch.
Darunter ist auch Ihr teurer Füllfederhalter. Durch das Herunterfallen zerbricht dessen Kappe.

▶ Störendes Verhalten: _____

▶ Meine Gefühle: _____

▶ Folgen für mich: _____

▶ Meine Erwartung: _____

© Verlag an der Ruhr | Postfach 102251 | 45422 Mülheim an der Ruhr | www.verlagruhr.de | ISBN 3-8346-0060-1

Kommunikationssperren

1. Befehlen, kommandieren:

➜ *„Hör auf, dir Sorgen zu machen!"*

2. Warnen, drohen:

➜ *„Wenn du so weitermachst, wirst du nie damit zurechtkommen."*

3. Moralisieren, predigen:

➜ *„Das Leben ist nun mal kein Zuckerschlecken.",*
„So darfst du das nicht sehen."

4. Vorschläge machen, Lösungen vorgeben:

➜ *„Ich an deiner Stelle würde ...",*
„Warum machst du nicht ...?",
„Du musst das so machen."

5. Mit Logik überzeugen, argumentieren:

➜ *„Ja, aber ..."*

6. Urteilen, kritisieren, beschuldigen:

➜ *„Da bist du selber schuld.",*
„Siehst du, ich habe es gleich gesagt."

7. Loben, zustimmen:

➜ *„Da hast du Recht, dieses Kind ist wirklich schrecklich."*

8. Beschimpfen, lächerlich machen:

➜ *„Du Dummerle!"*

9. Analysieren, diagnostizieren:

➜ *„Dein Problem ist, dass du ...",*
„Du bist nur müde."

10. Beruhigen, trösten:

➜ *„Morgen sieht alles anders aus.",*
„Das solltest du dir nicht so zu Herzen nehmen."

11. Ausfragen:

➜ *„Warum?", „Wieso?"*

12. Ablenken, spötteln, sich zurückziehen, sich abwenden:

➜ *„Wer keine Sorgen hat, macht sich welche.",*
ironisch: *„Das ist aber schlimm!"*

© Verlag an der Ruhr | Postfach 102251 | 45422 Mülheim an der Ruhr | www.verlagruhr.de | ISBN 3-8346-0060-1

Vorschläge für Satzanfänge
beim aktiven einfühlenden Zuhören

Wenn Sie relativ sicher sind, dass Ihre Wahrnehmungen zutreffen:

- *„Du fühlst ..."*
- *„Es scheint dir ..."*
- *„Von deinem Standpunkt aus ..."*
- *„Für dich ist es ..."*
- *„Du denkst ..."*
- *„Du glaubst ...."*

- *„Aus deiner Sicht ..."*
- *„Ich höre, du ..."*
- *„Du bist (verärgert, besorgt, unzufrieden)."*
- *„Mit anderen Worten ..."*
- *„Du sagst ..."*
- *„So wie ich dich verstehe ..."*

➜ Die Sätze können als Aussage- oder als Fragesätze verwendet werden.

Wenn Sie sich nicht sicher sind, welche inneren Erfahrungen Ihr Gegenüber übermittelt:

- *„Trifft es zu, dass ..."*
- *„Ich frage mich, ob ..."*
- *„Könnte es sein, dass ..."*

- *„Es scheint, du ..."*
- *„Vielleicht fühlst du ..."*
- *„Verstehe ich dich richtig: Du ..."*

© Verlag an der Ruhr | Postfach 102251 | 45422 Mülheim an der Ruhr | www.verlagruhr.de | ISBN 3-8346-0060-1

Konfliktmoderation im Klassenrat
– Schritt für Schritt –

Zustimmung einholen

▶ Einverständnis einholen, ob alle Beteiligten darüber sprechen wollen (Freiwilligkeit).

▶ Ablauf skizzieren: *„Erst darf der eine aus seiner Sicht berichten, dann der andere …"*

▶ Regeln wiederholen: ausreden lassen, über sich selbst sprechen (nicht beschimpfen) usw.

▶ Fragen: *„Wer fängt an?"* Losen, wenn sich beide nicht einigen können.

Beschreibung des Konflikts

▶ Auffordern: *„Paul, erzähle aus deiner Sicht, was passiert ist."*
dann: *„Peter, erzähle aus deiner Sicht, was passiert ist."*

Darauf achten, dass der Konfliktpartner nicht beschimpft wird.
Während der Erzählungen immer wieder das Gesagte zusammenfassen,
fragen *„Habe ich dich richtig verstanden?"* (aktiv zuhören: Inhalt und Gefühl)

Achtung: Nicht werten! Nicht urteilen!
Wertfreie Beschreibung ist das, was eine Kamera aufgenommen hätte!

Konflikterhellung

▶ Fragen: *„Wie ging es dir dabei?"*, *„Wie hast du dich gefühlt?"* (nacheinander)

Schüler haben manchmal wenig Zugang zu ihren Gefühlen. Sie sagen: „schlecht",
„cool" oder „doof"; dann die Äußerung wiederholen und versuchen, das Gefühl zu
benennen: *„Hört sich an, als hättest/wärst du ganz schön wütend/enttäuscht/ängstlich/
unzufrieden …"*

▶ Streitende nacheinander fragen: *„Was wolltest du erreichen?"*, *„Was hast du
gedacht?"*, *„Was ging dir durch den Kopf?"*

Diese Frage ist mit die Wichtigste: Nur wenn das Bedürfnis klar wird, kann auch eine
echte Lösung gefunden werden. Der Moderator kann hier durch aktives Zuhören helfen,
das zugrunde liegende Bedürfnis herauszufinden.

▶ *„Paul, was denkst du, hat Peter zur Entstehung des Streits beigetragen?
Und was hast du dazu beigetragen?"*
*„Peter, was denkst du, hat Paul zur Entstehung des Streits beigetragen?
Und was hast du dazu beigetragen?"*

Mit dieser Frage wird deutlich, dass beide Parteien zum Konflikt beigetragen haben.

© Verlag an der Ruhr | Postfach 102251 | 45422 Mülheim an der Ruhr | www.verlagruhr.de | ISBN 3-8346-0060-1

Perspektivenwechsel

▶ Streitende fragen: *„Paul, was glaubst du, wie es Peter bei dem Streit ging/ wie es ihm jetzt geht?", „Peter, was glaubst du, wie es Paul ..."*

Wenn das sehr schwierig ist: Plätze tauschen lassen und sagen: *„Nur mal angenommen, du wärst jetzt ..."*

Lösungen suchen

▶ Beteiligte und die ganze Klasse fragen: *„Was könnten Peter und Paul machen, damit es ihnen besser geht/damit sie beim nächsten Mal anders mit der Situation umgehen können?"*

Wichtig: Die Vorschläge nicht bewerten!!!!
Alle machen Vorschläge, die sogar scheinbar abwegig sein können. Auch die Schüler dürfen keine Kommentare/Wertungen abgeben. Die Brainstorming-Methode funktioniert nur, wenn jeder sicher sein kann, dass sein Vorschlag wertschätzend aufgenommen wird. Wenn viele Vorschläge kommen, ist es gut, sie irgendwo aufzuschreiben (Tafel, Moderationskarten, Protokollbuch), damit man nichts vergisst. Wenn keine Vorschläge kommen, kann man beide Parteien bitten, jede für sich nach Vorschlägen zu suchen und auf Kärtchen zu schreiben (immer ein Vorschlag pro Karte).

Hilfreich für die Lösungssuche (besonders wenn nur Lösungsvorschläge kommen, bei denen andere etwas tun sollen) sind manchmal auch die Fragen:
„Was bist du bereit zu tun?", „Was wünschst du dir vom anderen?"

Kommen gar keine Vorschläge, dann fragen: *„Was machen wir jetzt?"*
Vielleicht ist das Problem dann eigentlich ein anderes.

Lösungen bewerten und auswählen

▶ Vorschläge nochmals nennen und fragen: *„Welchem Vorschlag könnt ihr beide zustimmen?"*

Fragen, ob einer oder mehrere Vorschläge für beide akzeptabel sind.
Die anderen werden aussortiert.

▶ Fragen, welche Folgen und Auswirkungen die Lösung hat: *„Sind andere beteiligt, deren Einverständnis wir brauchen?", „Passt die Lösung zu den ‚Werten' unserer Schule, den gesetzlichen Vorgaben, dem Recht auf körperliche und psychische Unversehrtheit?", „Ist die Lösung ‚fair'?"*

▶ Fragen: *„Auf welche Lösung wollt ihr euch einigen?"*

Hier noch mal ausdrücklich fragen, ob beide Seiten mit dieser Lösung einverstanden sind (Körpersprache beachten!).

Vereinbarung treffen

▶ Genau festlegen: Wer tut was genau mit wem bis wann?
▶ Im Protokoll festhalten

© Verlag an der Ruhr | Postfach 102251 | 45422 Mülheim an der Ruhr | www.verlagruhr.de | ISBN 3-8346-0060-1

Positive Runde

Positive Runde

© Verlag an der Ruhr | Postfach 102251 | 45422 Mülheim an der Ruhr | www.verlagruhr.de | ISBN 3-8346-0060-1

Was ist aus den Ergebnissen vom letzten Mal geworden?

© Verlag an der Ruhr | Postfach 102251 | 45422 Mülheim an der Ruhr | www.verlagruhr.de | ISBN 3-8346-0060-1

Welche Anliegen oder Probleme gibt es heute?

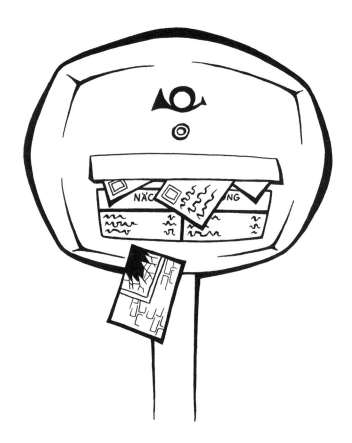

© Verlag an der Ruhr | Postfach 102251 | 45422 Mülheim an der Ruhr | www.verlagruhr.de | ISBN 3-8346-0060-1

Wir sprechen über das Anliegen oder Problem!

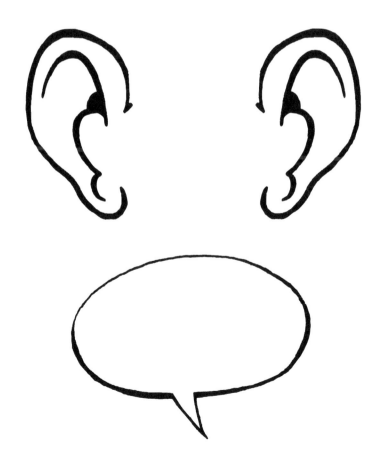

© Verlag an der Ruhr | Postfach 102251 | 45422 Mülheim an der Ruhr | www.verlagruhr.de | ISBN 3-8346-0060-1

Wir suchen eine Lösung und einigen uns!

© Verlag an der Ruhr | Postfach 102251 | 45422 Mülheim an der Ruhr | www.verlagruhr.de | ISBN 3-8346-0060-1

Wir schreiben das Ergebnis auf.

© Verlag an der Ruhr | Postfach 102251 | 45422 Mülheim an der Ruhr | www.verlagruhr.de | ISBN 3-8346-0060-1

Max

Wenn *Thomas mich nicht* *mitspielen lässt*, **bin ich** *wütend*. **Das möchte ich besprechen.**

Name: _____
Wenn _____
_____,
bin ich _____.
Das möchte ich besprechen.

Name: _____ **Datum:** _____
Mein Anliegen:

_____

_____

_____

© Verlag an der Ruhr | Postfach 102251 | 45422 Mülheim an der Ruhr | www.verlagruhr.de | ISBN 3-8346-0060-1

© Verlag an der Ruhr | Postfach 102251 | 45422 Mülheim an der Ruhr | www.verlagruhr.de | ISBN 3-8346-0060-1

© Verlag an der Ruhr | Postfach 102251 | 45422 Mülheim an der Ruhr | www.verlagruhr.de | ISBN 3-8346-0060-1

Beobachtungsbogen

Ich _____ beobachte mich selbst!

In dieser Woche (Datum: _____) will ich auf folgendes Verhalten achten und stolz

darauf sein, was ich geschafft habe!

+ Verhalten: _____

_____

Tag:	Ja	Nein	Weil
Montag			
Dienstag			
Mittwoch			
Donnerstag			
Freitag			

© Verlag an der Ruhr | Postfach 102251 | 45422 Mülheim an der Ruhr | www.verlagruhr.de | ISBN 3-8346-0060-1

Beobachtungsbogen

Ich _____ beobachte mich selbst!

In dieser Woche (Datum: _____) will ich auf folgendes Verhalten achten und stolz

darauf sein, was ich geschafft habe!

+ Verhalten: _____

_____

Tag:				
	Vor der 1. Pause	**Zwischen 1. + 2. Pause**	**Nach der 2. Pause**	☹ weil
Montag	☺ ☻ ☹	☺ ☻ ☹	☺ ☻ ☹	_____ _____ _____
Dienstag	☺ ☻ ☹	☺ ☻ ☹	☺ ☻ ☹	_____ _____ _____
Mittwoch	☺ ☻ ☹	☺ ☻ ☹	☺ ☻ ☹	_____ _____ _____
Donnerstag	☺ ☻ ☹	☺ ☻ ☹	☺ ☻ ☹	_____ _____ _____
Freitag	☺ ☻ ☹	☺ ☻ ☹	☺ ☻ ☹	_____ _____ _____

© Verlag an der Ruhr | Postfach 102251 | 45422 Mülheim an der Ruhr | www.verlagruhr.de | ISBN 3-8346-0060-1

Ziele, Vorteile, Organisation

Klassenregeln müssen
eingehalten werden!

Wenn du im Unterricht gegen die Klassenregeln verstößt,
werden dir Fragen gestellt:

▶ **Was tust du gerade?**

▶ **Wie lautet die Regel?**

▶ **Was passiert, wenn du es wieder machst?**

▶ **Wofür entscheidest du dich?**
Möchtest du am Extratisch über dein Verhalten nachdenken
oder möchtest du dich an die Regeln halten und in der
Klasse bleiben?

Deine Entscheidung!

▶ **Falls du dich wieder nicht an die Regeln hältst,
was passiert dann?**

Wenn du dich nach diesen Fragen wieder nicht an die Regeln
hältst, hast du dich durch diese Missachtung entschieden,
am Extratisch über dein Verhalten nachzudenken. Du erhältst
ein Blatt, auf dem du einträgst, was du tun willst, damit du
wieder am Unterricht teilnehmen kannst.

Denke daran: Es ist deine Entscheidung, wo du sein möchtest!

© Verlag an der Ruhr | Postfach 102251 | 45422 Mülheim an der Ruhr | www.verlagruhr.de | ISBN 3-8346-0060-1

Mein Plan

Name: _____   Klasse _____ Datum: _____

1. Was habe ich gemacht?

☐ Ich habe geärgert. 😞   ☐ Ich bin herumgelaufen. 🏃

☐ Ich habe Geräusche gemacht. 📢   ☐ Ich habe geredet. 👄

☐ Ich habe in die Klasse gerufen. 😠   ☐ Ich habe _____.

2. Wie heißt die Regel, an die ich mich nicht gehalten habe?

_____

_____

_____

_____

3. Was will ich besser machen?

_____

_____

_____

_____

_____   _____
Unterschrift Schüler/Schülerin   *Unterschrift Lehrer/Lehrerin*

- -

Nach dem Ausfüllen des Blattes kann der Schüler wieder in die Klasse zurückkehren, wenn der Lehrer zustimmt. Dabei sollte man darauf achten, dass der Schüler sich Gedanken macht, wie er sich in Zukunft genau verhalten will, und dass er dies möglichst genau beschreibt (also nicht: „Ich mache das jetzt nicht mehr.").

Tipp:
Für diese Methode ist es gut, sich mit den in der Klasse unterrichtenden Kollegen abzustimmen und auch die Eltern zu informieren.

© Verlag an der Ruhr | Postfach 102251 | 45422 Mülheim an der Ruhr | www.verlagruhr.de | ISBN 3-8346-0060-1

© Verlag an der Ruhr | Postfach 102251 | 45422 Mülheim an der Ruhr | www.verlagruhr.de | ISBN 3-8346-0060-1

Arbeitsblatt:
Mein Bild von mir – mein Bild von dir

ICH *kann etwas super toll.*

Ich kann gut   1. _____

Ich kann gut   2. _____

Ich kann gut   3. _____

DU *kannst etwas super toll.*

Du kannst gut   1. _____

Du kannst gut   2. _____

Du kannst gut   3. _____

© Verlag an der Ruhr | Postfach 102251 | 45422 Mülheim an der Ruhr | www.verlagruhr.de | ISBN 3-8346-0060-1

Arbeitsblatt:
Ähnlich – Unähnlich

Überlege mit deinem Partner/deiner Partnerin:

▶ **Wo seid ihr euch ähnlich?**
   (Beispiel: Wir mögen beide Spagetti.)
▶ **Wo seid ihr euch gar nicht ähnlich?**
   (Beispiel: Paul spielt gern Fußball,
   Petra spielt gern Karten.)

Wo wir uns ähnlich sind:

1. _____

_____

2. _____

_____

3. _____

_____

Wo wir uns <u>nicht</u> ähnlich sind:

1. _____

_____

2. _____

_____

3. _____

_____

© Verlag an der Ruhr | Postfach 102251 | 45422 Mülheim an der Ruhr | www.verlagruhr.de | ISBN 3-8346-0060-1

© Verlag an der Ruhr | Postfach 102251 | 45422 Mülheim an der Ruhr | www.verlagruhr.de | ISBN 3-8346-0060-1

zufrieden	froh
fröhlich	glücklich
begeistert	aufgeregt
erschrocken	mutig
verzweifelt	stolz
ängstlich	nervös
ärgerlich	wütend

zornig	beleidigt
bedrückt	traurig
enttäuscht	sauer
gelangweilt	besorgt
gespannt	gereizt
begeistert	betroffen
hilflos	

© Verlag an der Ruhr | Postfach 102251 | 45422 Mülheim an der Ruhr | www.verlagruhr.de | ISBN 3-8346-0060-1

Jeder fühlt ein bisschen anders

Lies die Situationen und überlege für jede Situation, welche Gefühle du empfindest.

Wie fühlst du dich, wenn

… der Wecker zum Aufstehen klingelt? _____

… du einen spannenden Film ansiehst? _____

… du etwas vor der Klasse vortragen sollst? _____

… dich jemand belogen hat? _____

… es zu Hause dein Lieblingsessen gibt? _____

… dich jemand auslacht? _____

… dein Lehrer dich vor der Klasse lobt? _____

… die Ferien zu Ende gehen? _____

… du beim Spielen verlierst? _____

… du von einem Erlebnis erzählen willst und niemand dir zuhört? _____

… dein Freund/deine Freundin zu dir hält? _____

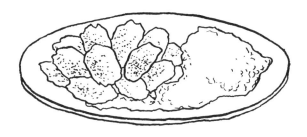

© Verlag an der Ruhr | Postfach 102251 | 45422 Mülheim an der Ruhr | www.verlagruhr.de | ISBN 3-8346-0060-1

Starke Gefühle – schwache Gefühle

1. Mein Gefühl: _____

2. Mein Gefühl ist so stark: 0 ——————— 5 ——————— 10

3. Schreibe in die Wolken, was dir durch den Kopf geht, wenn du dieses Gefühl spürst.

4. Wähle eine Farbe, die zu deinem Gefühl passt, und zeichne damit in die Figur ein, wo du das Gefühl spürst.

© Verlag an der Ruhr | Postfach 102251 | 45422 Mülheim an der Ruhr | www.verlagruhr.de | ISBN 3-8346-0060-1

K28a

Jeder fühlt sich ein bisschen anders

Lies die folgenden Situationen und überlege für jede Situation, welche Gefühle der Schüler wohl empfindet und was er sich jetzt wünscht. Schreibe das Gefühl und den Wunsch auf.

Situation 1:

Simone ist eine gute Sportlerin. Besonders gerne spielt sie Fangen. Heute Morgen ist sie gestolpert und hat sich den Fuß verknackst. In der Sportstunde wird Fangen gespielt.

▶ Wie fühlt sich Simone? _____

_____

▶ Was wünscht sich Simone? _____

_____

Situation 2:

Petra mag Sport gar nicht. Besonders Fangen spielt sie nicht gern. Heute Morgen ist sie gestolpert und hat sich den Fuß verknackst. In der Sportstunde wird Fangen gespielt.

▶ Wie fühlt sich Petra? _____

_____

▶ Was wünscht sich Petra? _____

_____

Situation 3:

Paul ist spät ins Bett gegangen und hat schlecht geschlafen. In der ersten Stunde schreibt er einen Mathetest.

▶ Wie fühlt sich Paul? _____

_____

▶ Was wünscht sich Paul? _____

_____

© Verlag an der Ruhr | Postfach 102251 | 45422 Mülheim an der Ruhr | www.verlagruhr.de | ISBN 3-8346-0060-1

Situation 4:

Peter hat gut geschlafen und ist gut gelaunt aufgestanden. In der ersten Stunde schreibt er einen Mathetest.

▶ Wie fühlt sich Peter? _____

_____

▶ Was wünscht sich Peter? _____

_____

Situation 5:

Markus glaubt, dass die Kinder in seiner Klasse ihn nicht mögen. Schon oft ist er in der Pause geärgert worden. Jetzt kommt ein Kind aus seiner Klasse direkt auf ihn zu.

▶ Wie fühlt sich Markus? _____

_____

▶ Was wünscht sich Markus? _____

_____

Situation 6:

Chris ist ein fröhlicher Mensch. Sie glaubt, dass sie wichtig für andere ist und dass sie manche Sachen gut kann. In der Pause kommt ein Kind aus ihrer Klasse direkt auf sie zu.

▶ Wie fühlt sich Chris? _____

_____

▶ Was wünscht sich Chris? _____

_____

© Verlag an der Ruhr | Postfach 102251 | 45422 Mülheim an der Ruhr | www.verlagruhr.de | ISBN 3-8346-0060-1

Ich kann Ärger mitteilen, ohne dass es Ärger gibt.

1. Ich beschreibe das Verhalten, das mich stört.

„Du hast meinen Füller weggenommen, ohne zu fragen."

2. Ich sage, wie ich mich fühle.

„Ich bin ärgerlich/wütend, …"

3. Ich sage, welche Folgen das Verhalten für mich hat.

„… weil ich jetzt die ganze Zeit suchen musste."

4. Ich sage, was ich mir vom anderen wünsche.

„Ich möchte gern, dass du mich vorher fragst."

© Verlag an der Ruhr | Postfach 102251 | 45422 Mülheim an der Ruhr | www.verlagruhr.de | ISBN 3-8346-0060-1

Ich kann Ärger mitteilen,
ohne dass es Ärger gibt.

1. Ich beschreibe das Verhalten,
das mich stört.

_____

_____

_____

_____

_____

_____

_____

_____

2. Ich sage, wie ich mich fühle.

_____

_____

_____

_____

_____

_____

_____

_____

_____

3. Ich sage, welche Folgen das
Verhalten für mich hat.

_____

_____

_____

_____

_____

_____

_____

4. Ich sage, was ich mir vom
anderen wünsche.

_____

_____

_____

_____

_____

_____

_____

_____

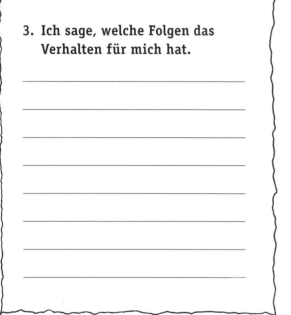

© Verlag an der Ruhr | Postfach 102251 | 45422 Mülheim an der Ruhr | www.verlagruhr.de | ISBN 3-8346-0060-1

Jemand rempelt dich
auf der Treppe an.

Im Gespräch nennt dich
jemand einen Spinner.

Jemand tritt in der Klasse
auf deine neuen Schuhe.

Jemand nimmt dir
deine Mütze weg.

Jemand verrät den
anderen deine Note.

Jemand drängelt sich in der
Warteschlange beim Bäcker vor.

Jemand setzt sich
auf deinen Platz.

Du hast ein Heft ausgeliehen
und bekommst es nicht wie
vereinbart zurück.

Nach der Partnerarbeit räumt
dein Partner die Materialien nicht auf.

Jemand nimmt ein Buch aus
deinem Ranzen, ohne dich zu fragen.

© Verlag an der Ruhr | Postfach 102251 | 45422 Mülheim an der Ruhr | www.verlagruhr.de | ISBN 3-8346-0060-1

▶ *Amler, Wolfgang/Knörzer, Wolfgang:*
Fit in 5 Minuten.
Haug Fachbuchverlag 1999.
ISBN 3-8304-2000-5

▶ *Baillet, Dietlinde:*
FREINET – praktisch.
Beltz 1983. ISBN 3-407-62069-1

▶ *Blum, Hans-Joachim:*
**Klassenrat an der Mörike-Realschule
Mühlacker.**
In: Tilke, Barbara/Wegner, Lothar/Wurz, Andreas:
Sich fetzen – aber richtig! Baustein für Eltern-
abende zur Konfliktlösung und Gewaltpräventi-
on (Reihe Aktion Jugendschutz), S. 191–194,
Stuttgart 2005. ISBN 3-923970-36-6

▶ *Bundeszentrale für gesundheitliche Aufklärung:*
Achtsamkeit und Anerkennung –
Materialien zur Förderung des Sozialverhaltens
in der Grundschule. Köln 2002.
ISBN 3-933191-85-8

▶ *Fiebig, Hartmut/Winterberg, Frieder:*
Wir werden eine Klassengemeinschaft.
Verlag an der Ruhr 1998. ISBN 3-86072-388-X

▶ *Friedrich, Annerose/Kleinert, Irmhild:*
Der Klassenrat.
In: Praxis Schule 5–10, 8. Jg., H. 5 (1997),
S. 30–31.

▶ *Gordon, Thomas:*
Die Lehrer-Schüler-Konferenz.
Wie man Konflikte in der Schule löst.
Heyne 1999. ISBN 3-453-02984-4

▶ *Grüner, Thomas/Hilt, Franz:*
Wirksamkeitskriterien in der Praxis.
In: ajs-Informationen, Fachzeitschrift der
Aktion Jugendschutz, Nr. 2/40, Juni 2004,
S. 4–9.

▶ *Grüner, Thomas/Hilt, Franz:*
Bei STOPP ist Schluss!
Werte und Regeln vermitteln. AOL-Verlag 2005.
ISBN 3-89111-720-5

▶ *Kiper, Hanna:*
Selbst- und Mitbestimmung in der Schule.
Das Beispiel Klassenrat. Schneider Verlag 1997.
ISBN 3-87116-877-7

▶ *Meyer, Hilbert:*
Was ist guter Unterricht?
Cornelson Verlag Scriptor 2005.
ISBN 3-589-22047-3

▶ *Miller, Reinhold:*
99 Schritte zum professionellen Lehrer.
Kallmeyer 2004. ISBN 3-7800-4938-4

▶ *Müller, Else:*
Du spürst unter deinen Füßen das Gras.
Fischer 2003. ISBN 3-596-23325-9

▶ *Petermann, Franz et al:*
Sozialtraining in der Schule.
Beltz 1999. ISBN 3-621-27444-8

▶ *Rogers, Carl:*
Therapeut und Klient.
Fischer 2004. ISBN 3-596-42250-7

▶ *Rosenberg, Marshall:*
Gewaltfreie Kommunikation.
Junfermann 2004. ISBN 3-87387-454-7

▶ *Schulz von Thun, Friedemann:*
**Miteinander reden: Störungen
und Klärungen.** Rowohlt TB 1981.
ISBN 3-499-17489-8

▶ *Stähling, Reinhard:*
**Der Klassenrat – Fortführung reform-
pädagogischer Praxis.**
In: A. Speck-Hamdan/H. Wedeking (Hrsg.):
Kinder beteiligen – Demokratie lernen?
Frankfurt/M, Arbeitskreis Grundschule,
S. 197–207. ISBN 3-930024-85-3

▶ *Watzlawick, Paul/Beavin, Janet/ Jackson, Don:*
Menschliche Kommunikation.
Huber Verlag 2000. ISBN 3-456-83457-8

▶ *Watzlawick, Paul:*
Anleitung zum Unglücklichsein.
Piper 2005. ISBN 3-492-24441-6

Verlag an der Ruhr

www.verlagruhr.de